Masa

MASA OTAKE

SHINBIYO SHUPPAN

Welcome to his Hair Wonderland.

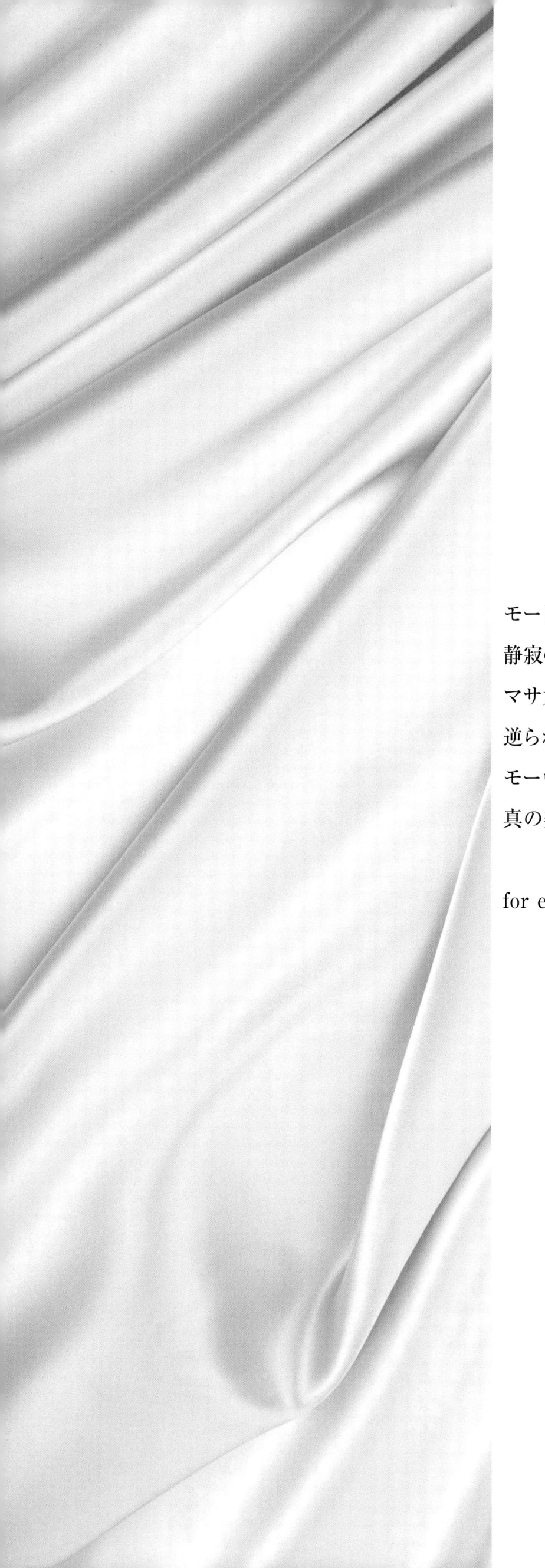

モード　その美しき世界

静寂の中の　たたずまい

マサ大竹の　呼吸　美を紡ぐ

逆らわず　流れるよう

モーヴ色の中で　時が止まる

真の美しさは　静寂と想いの中に在る

for eternity

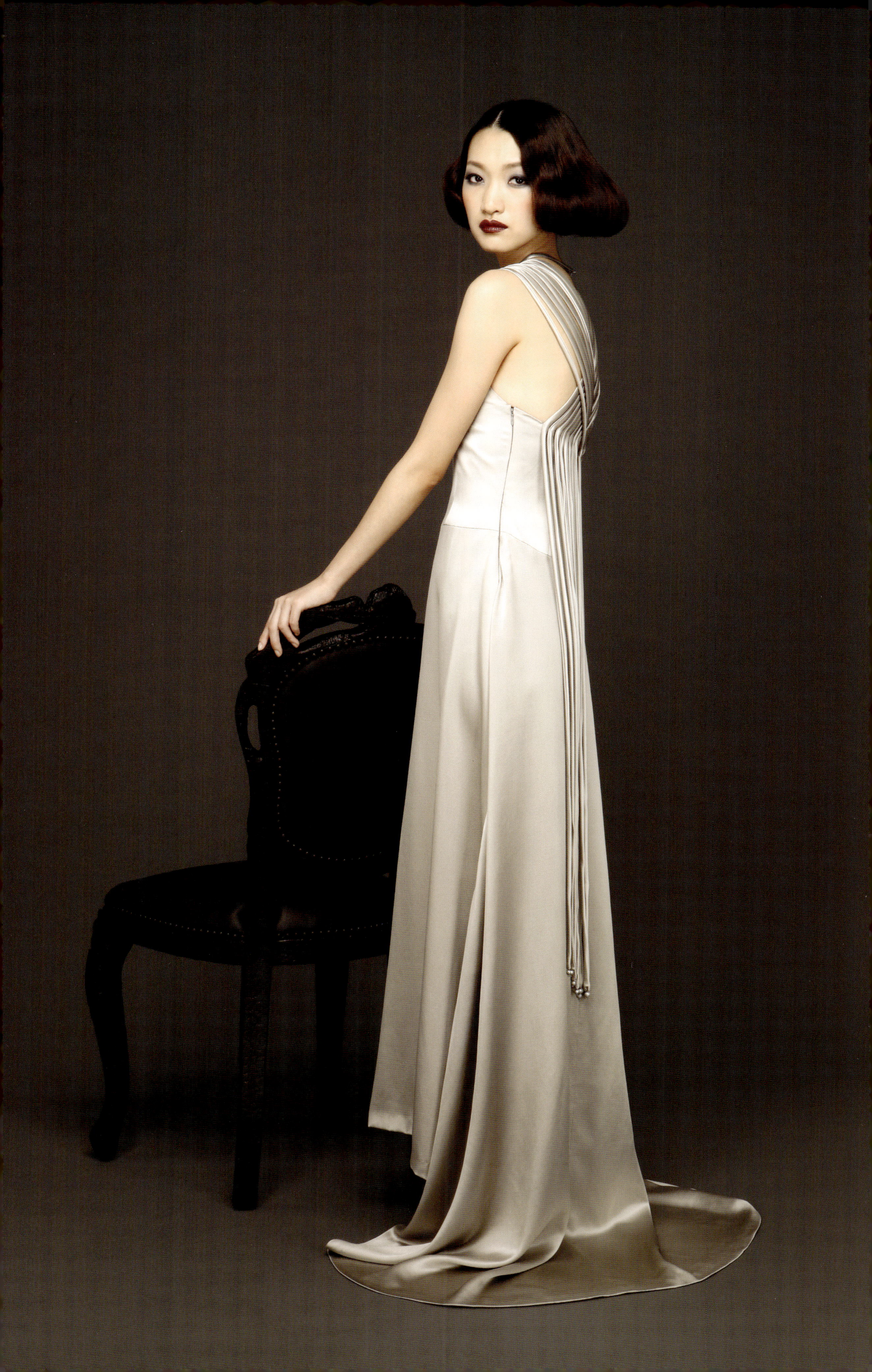

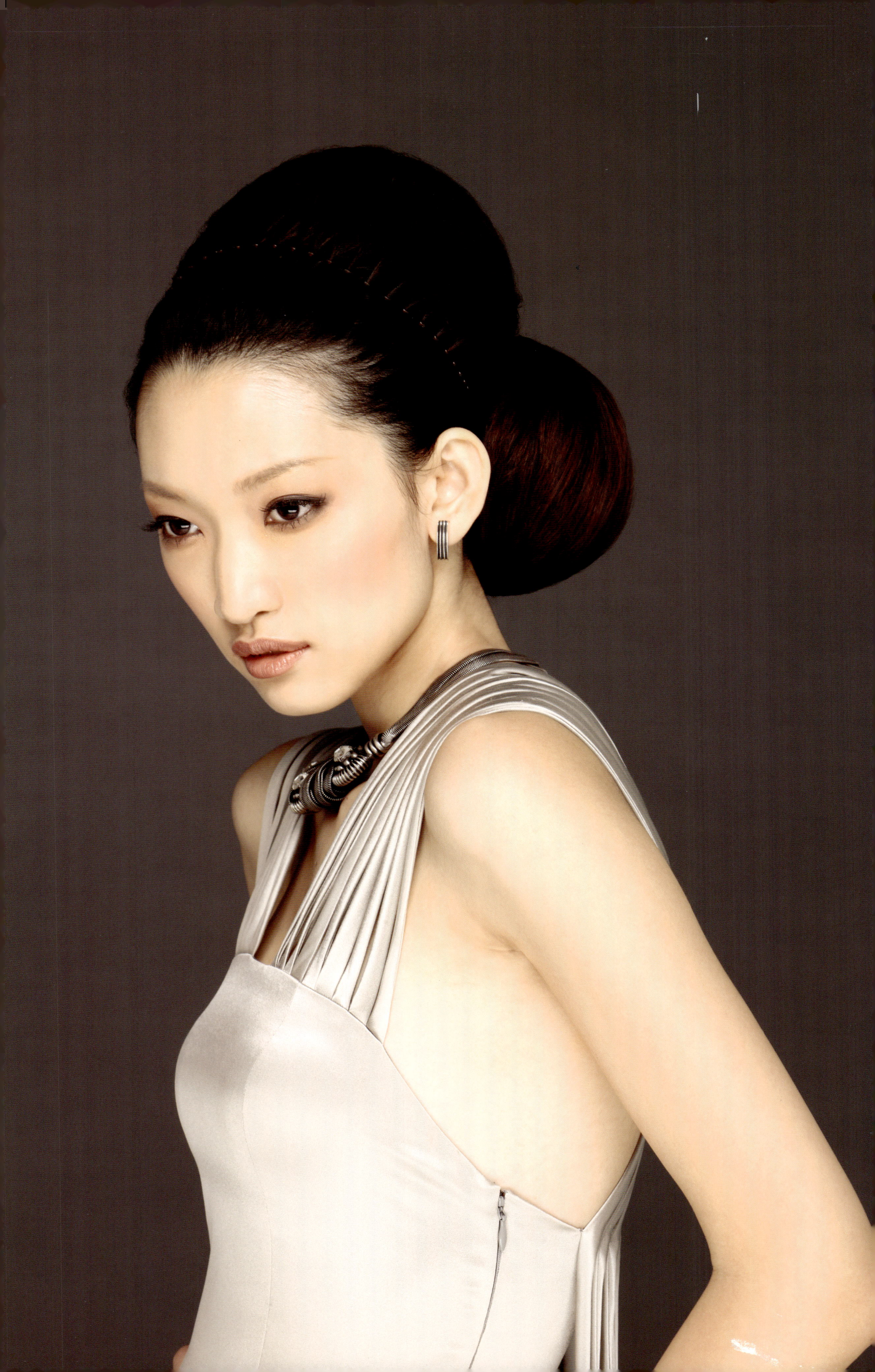

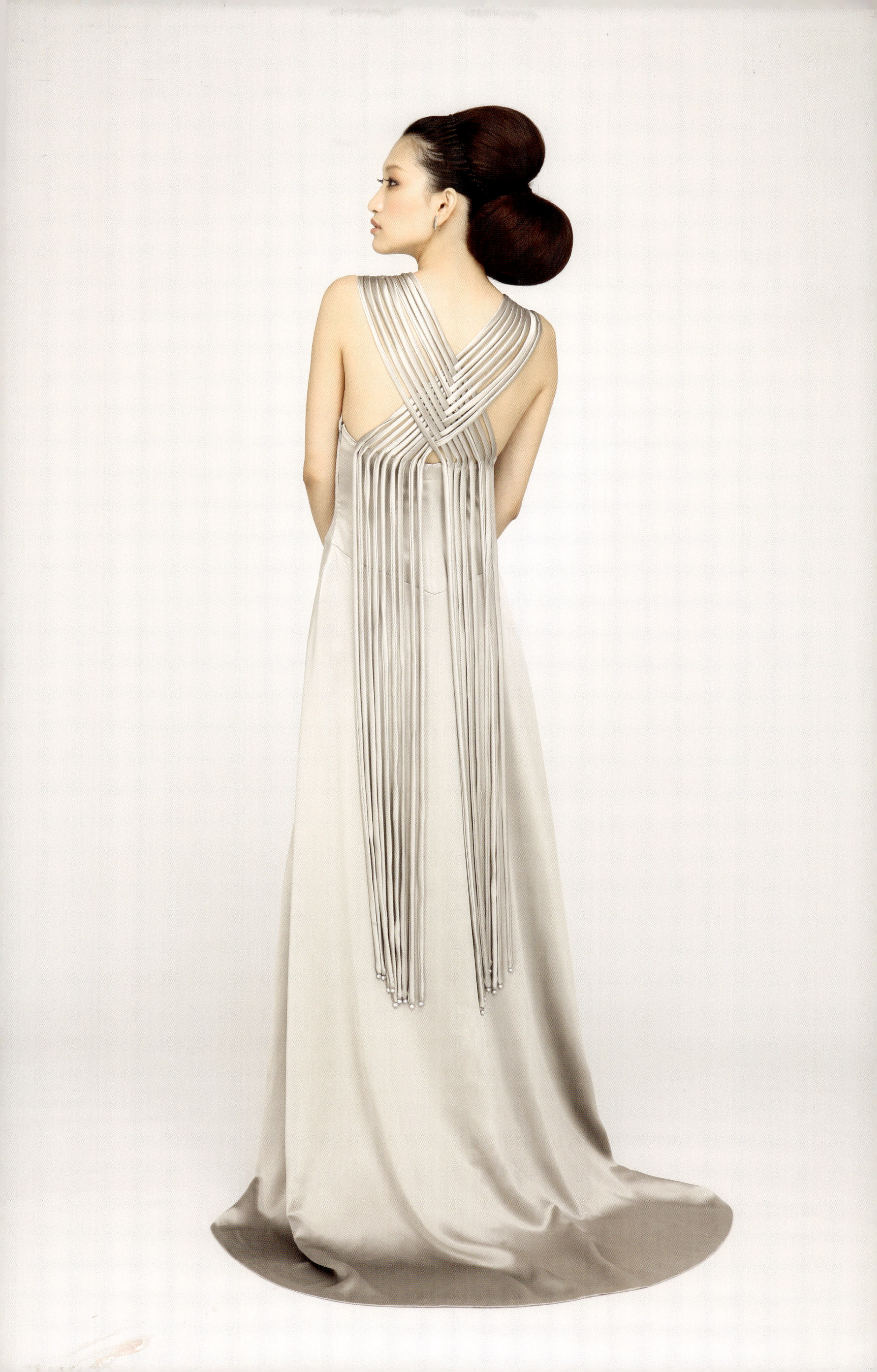

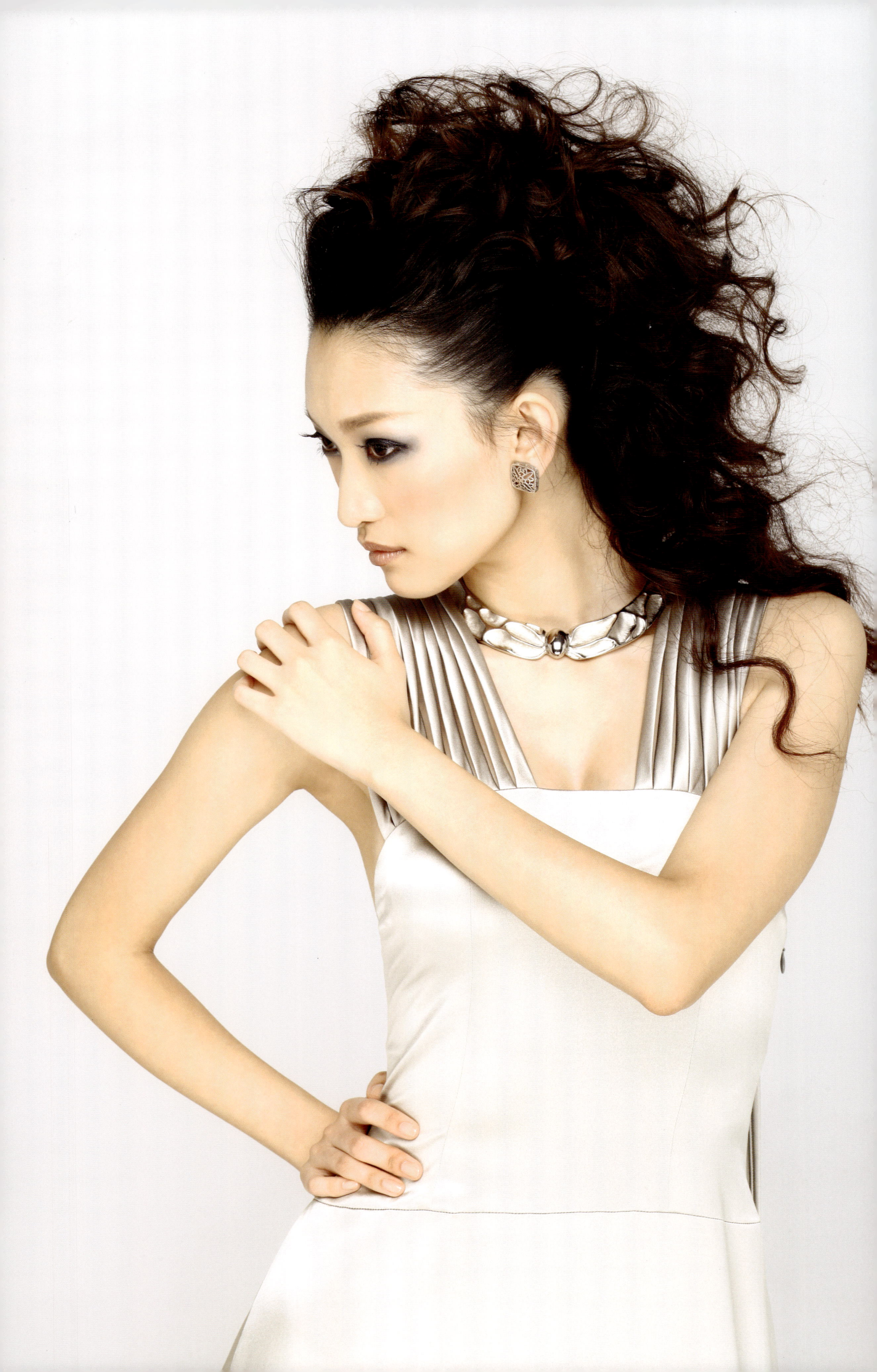

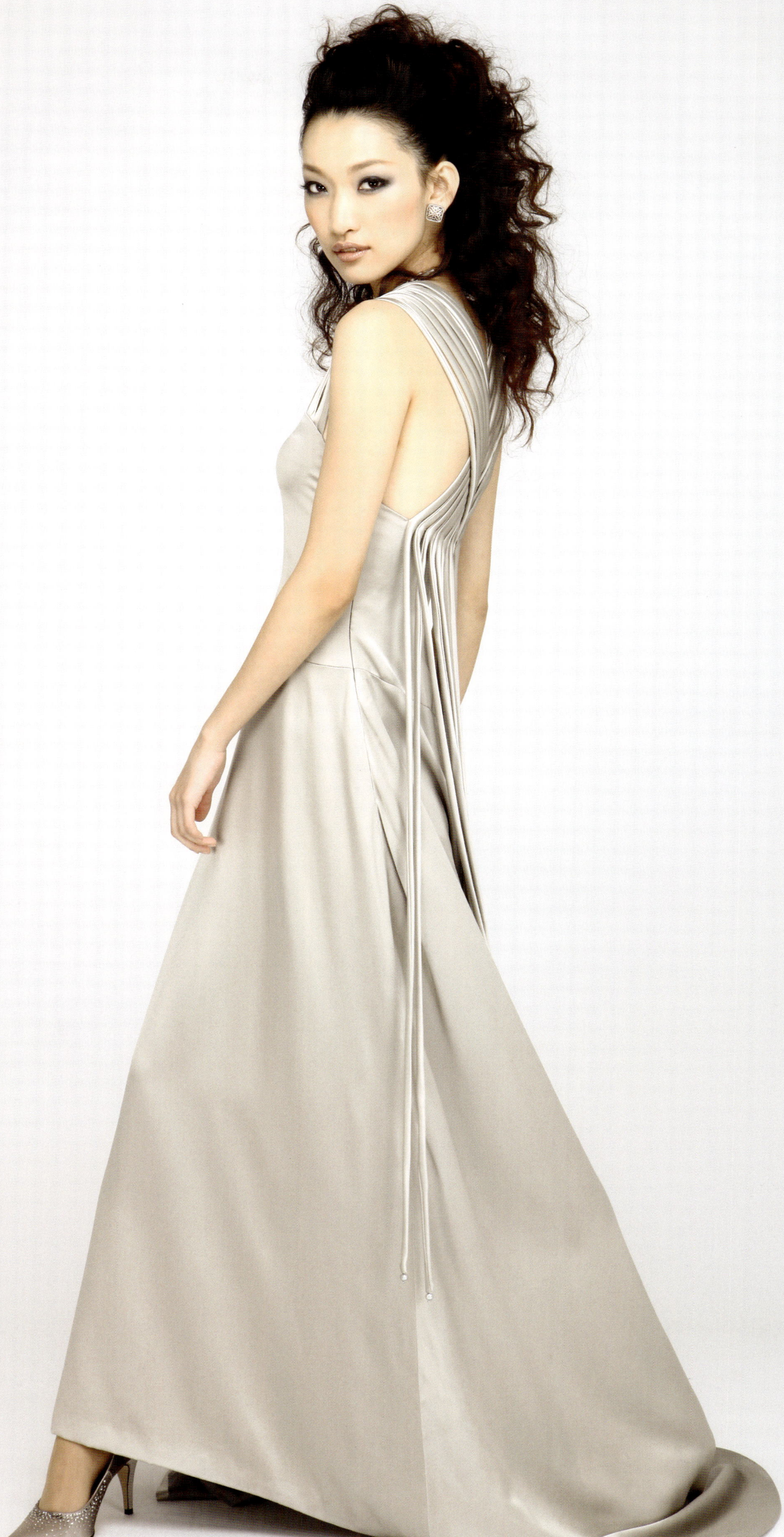

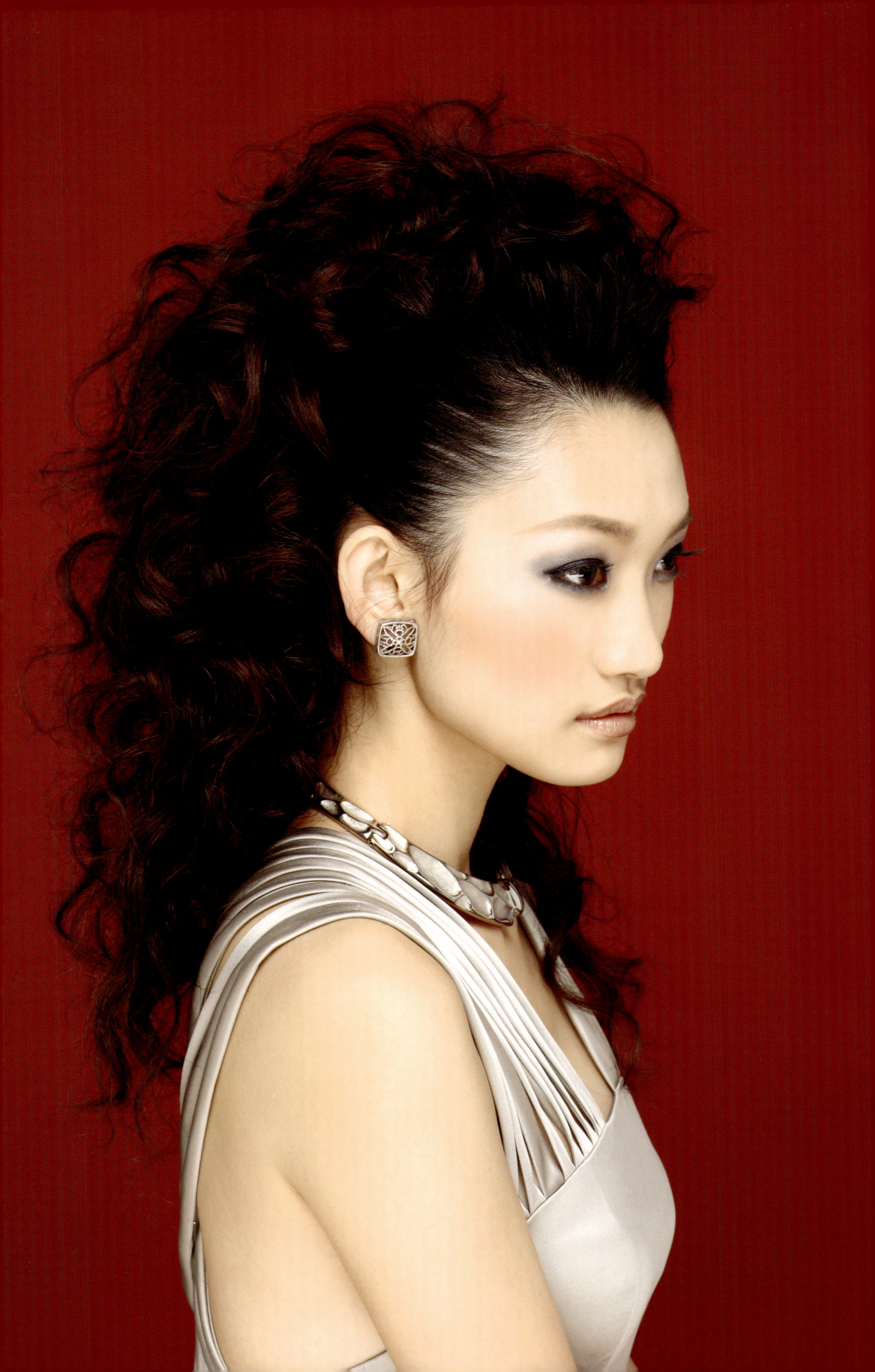

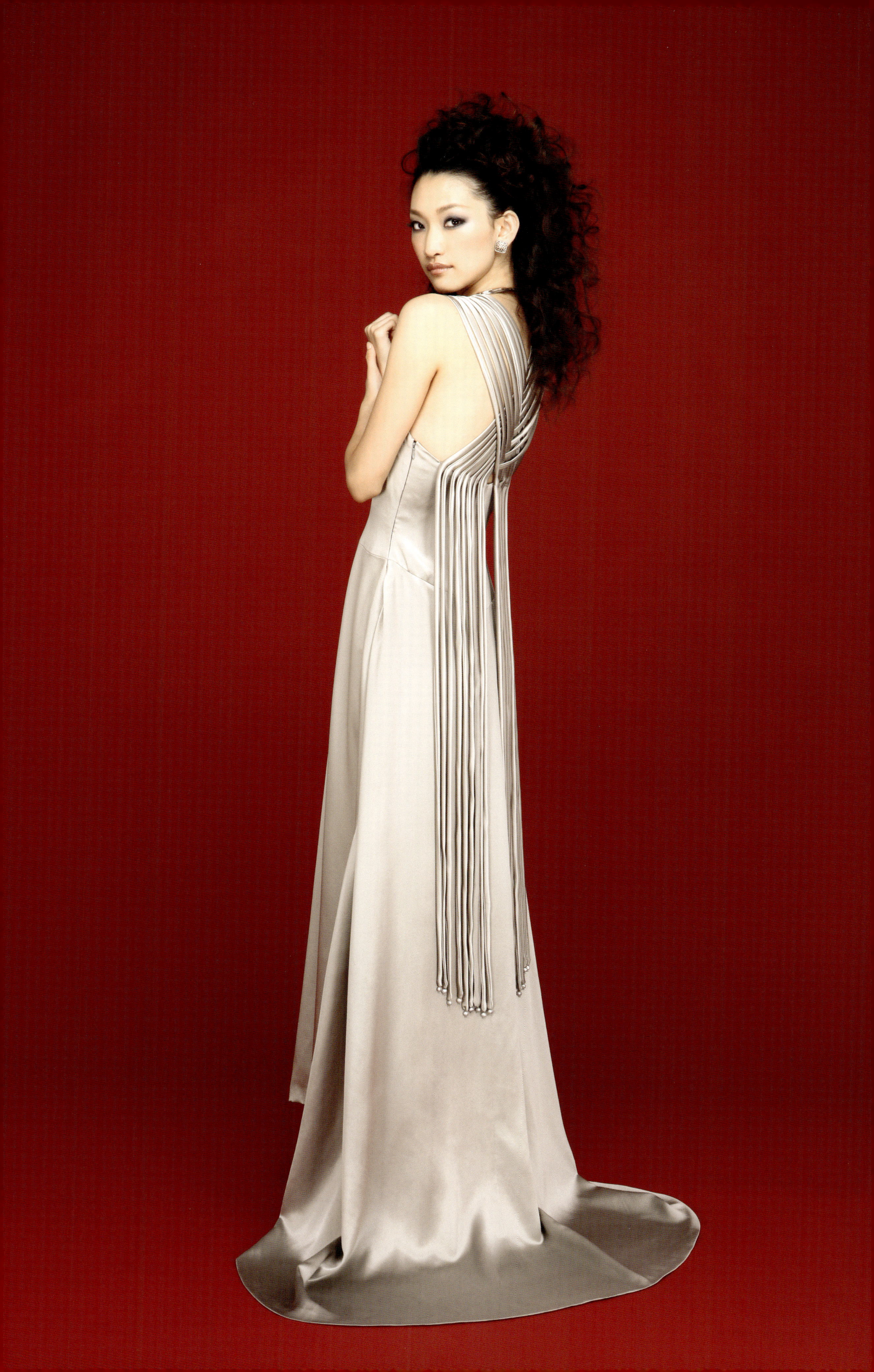

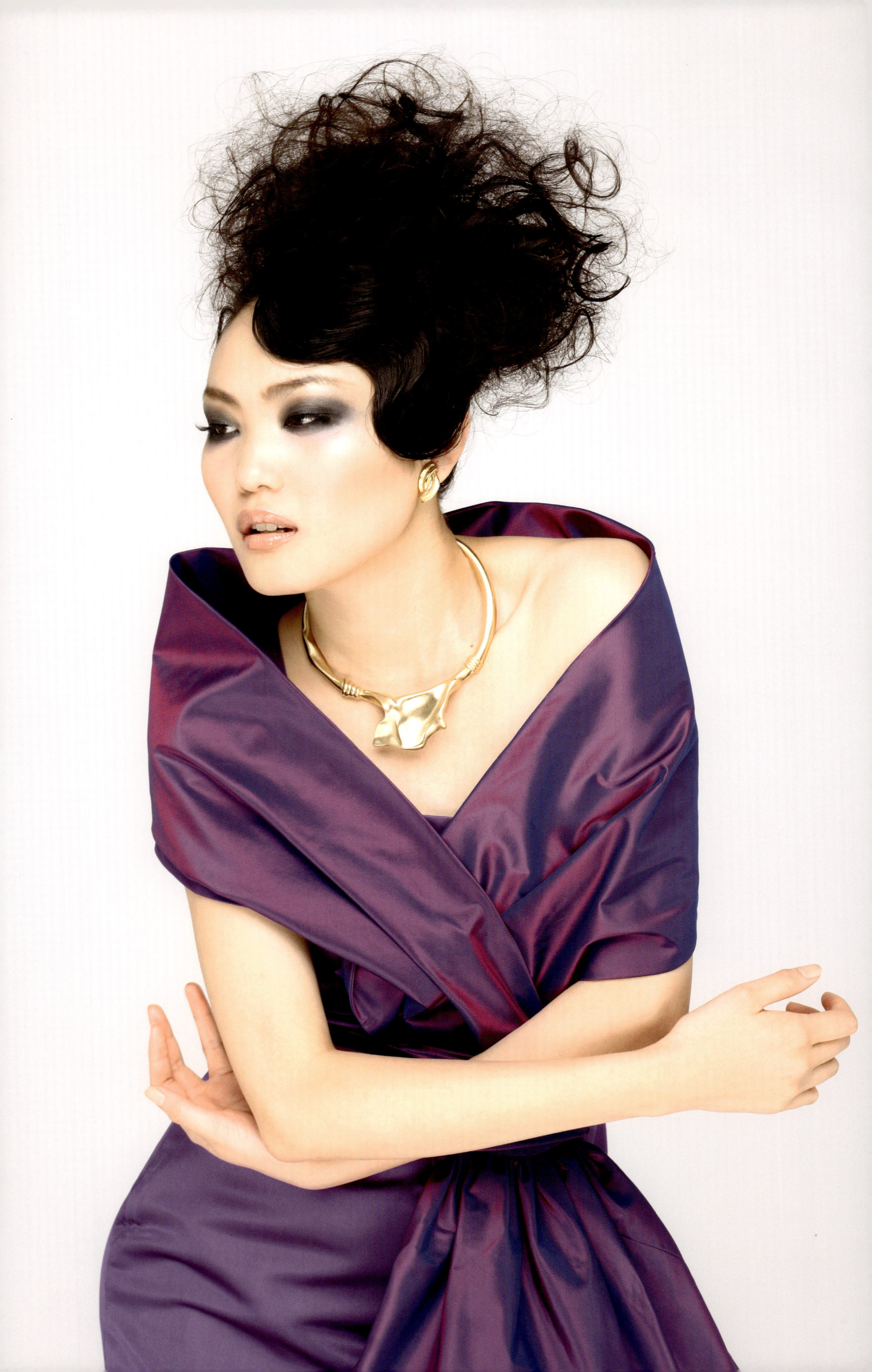

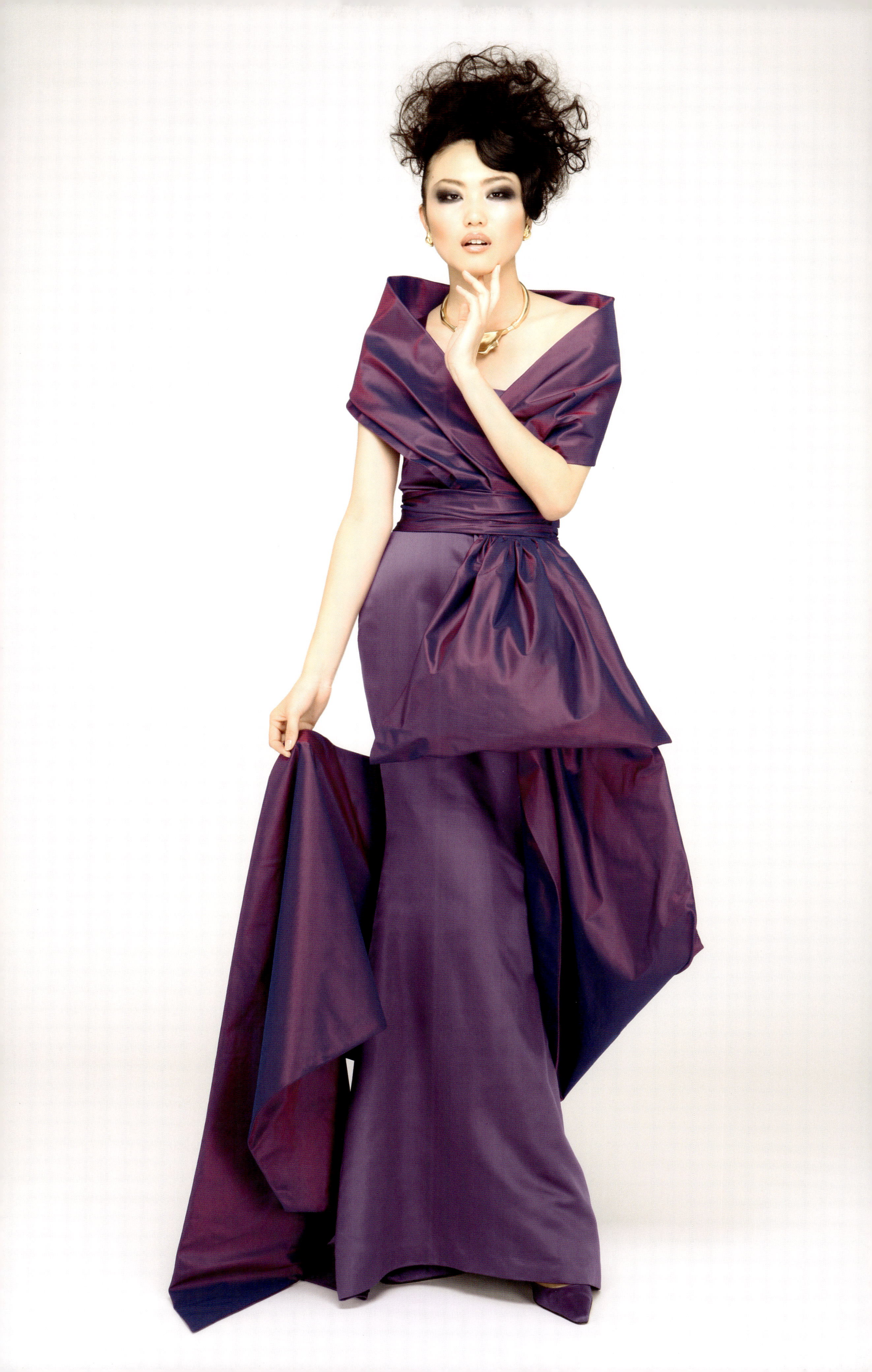

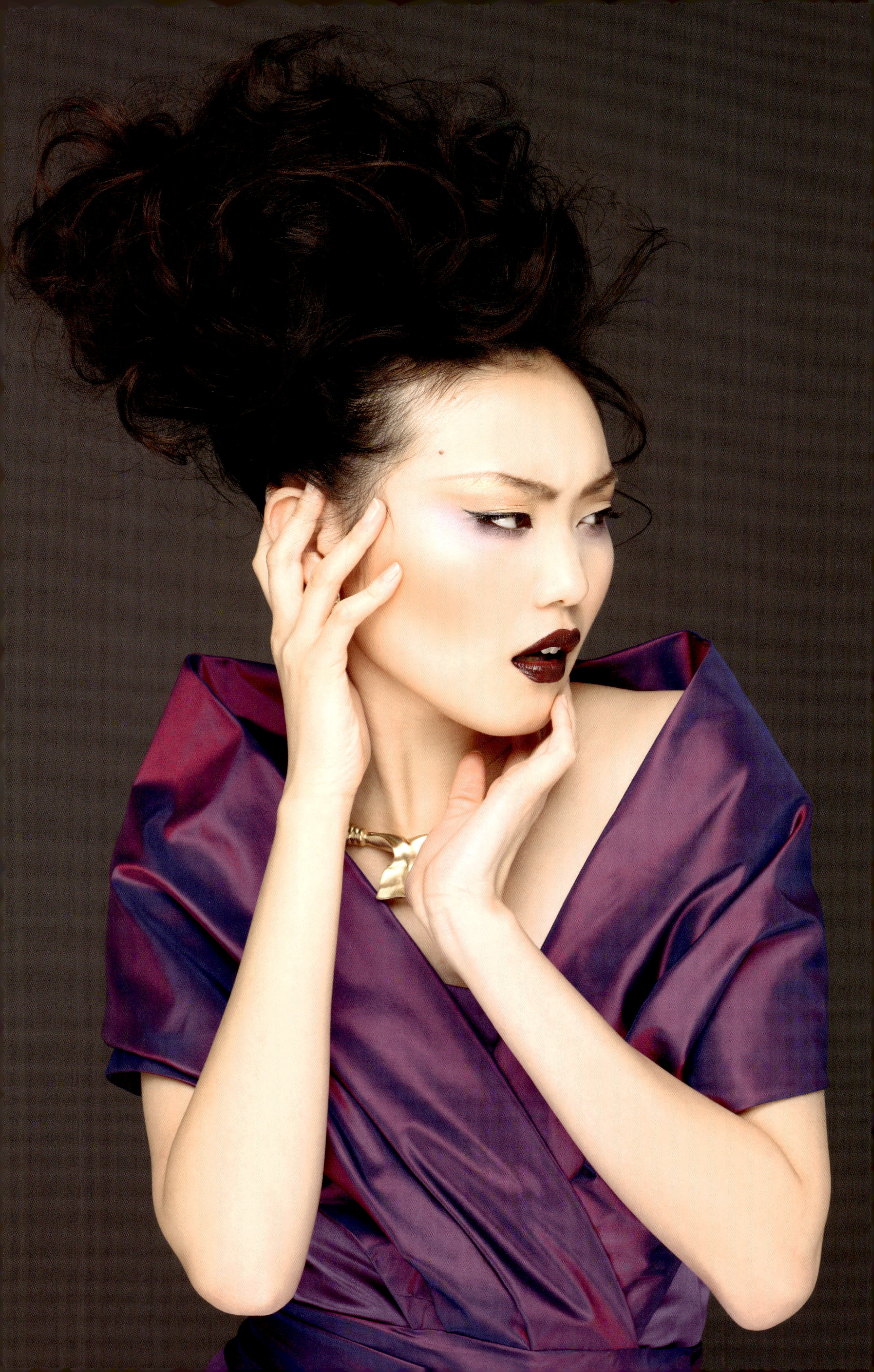

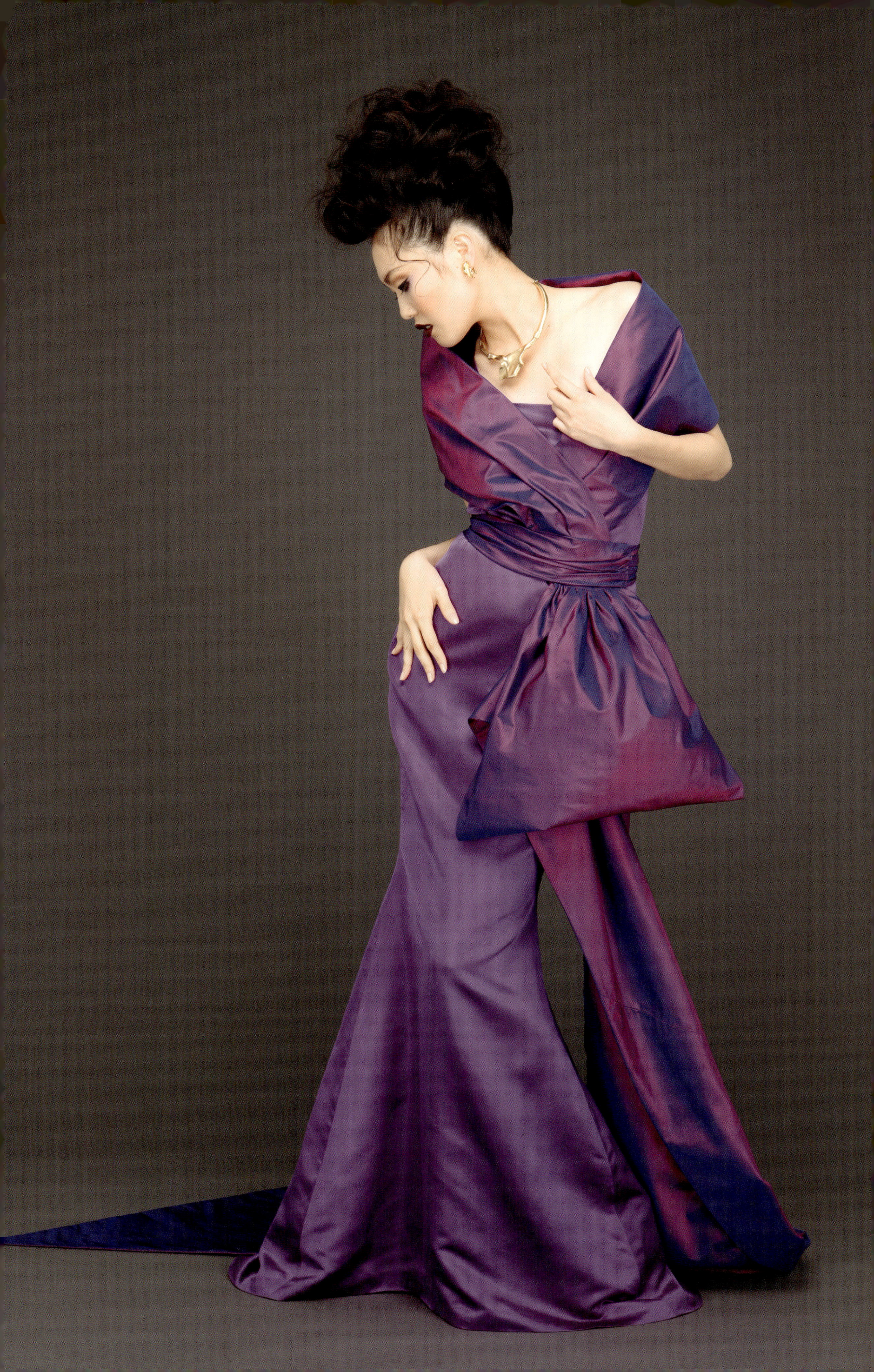

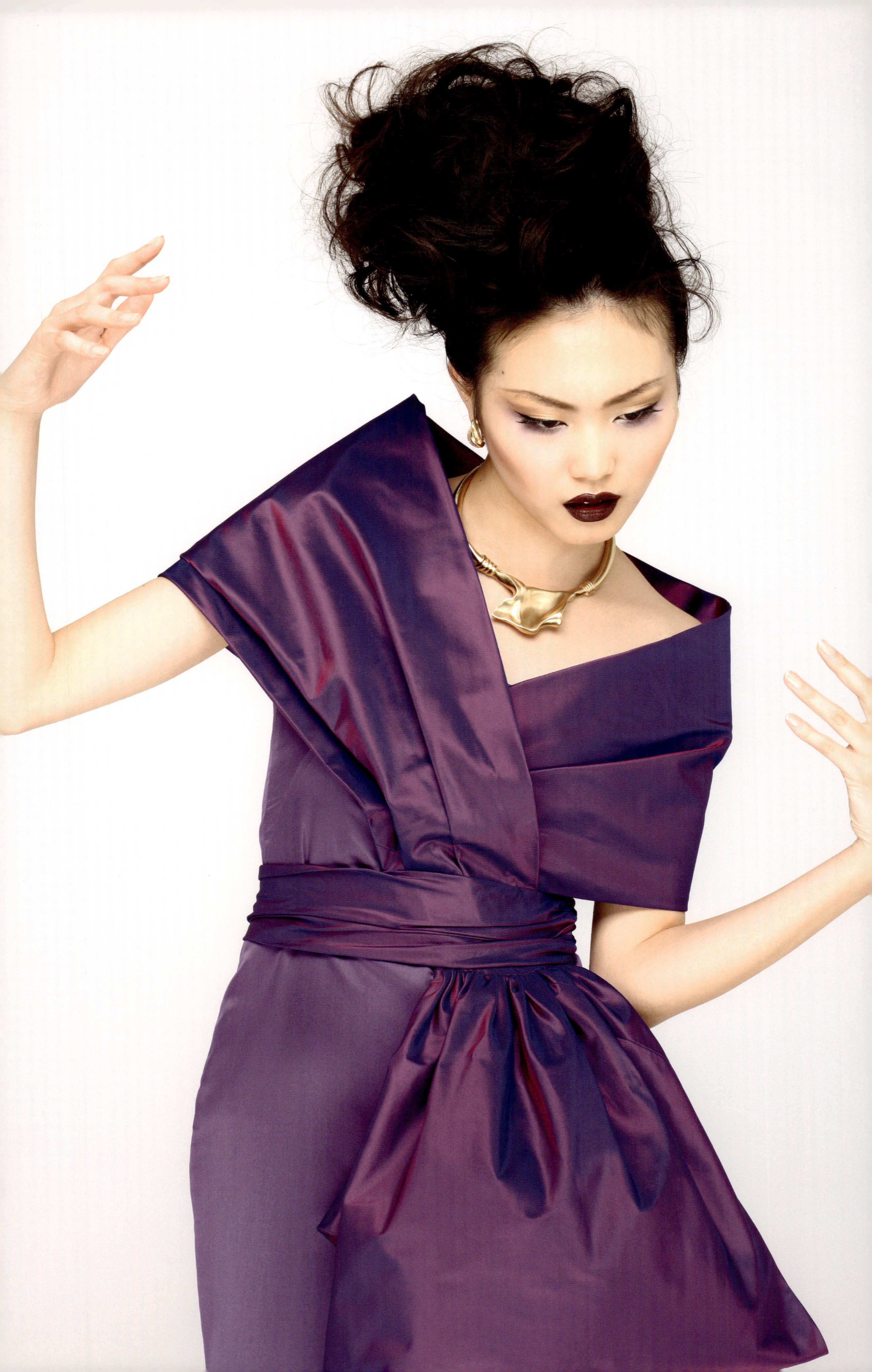

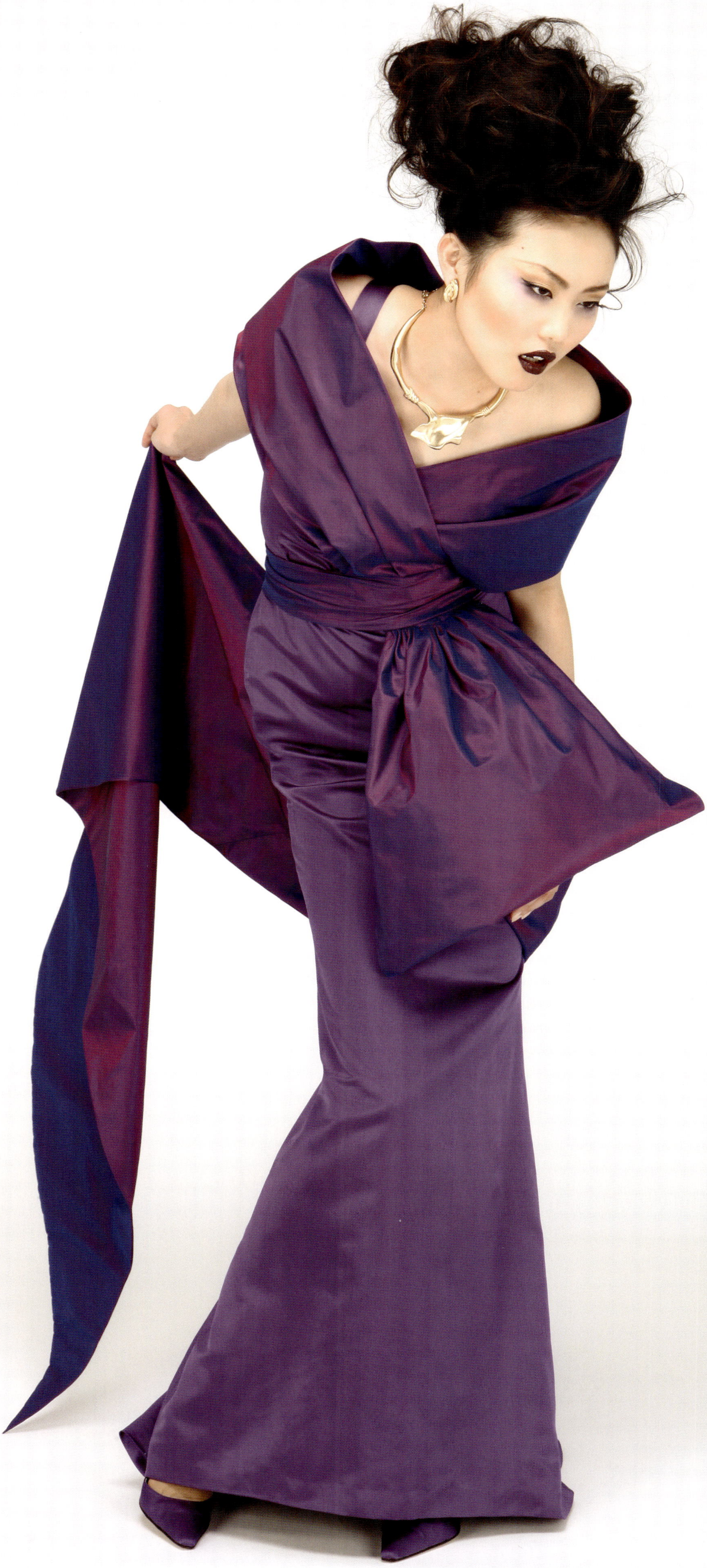

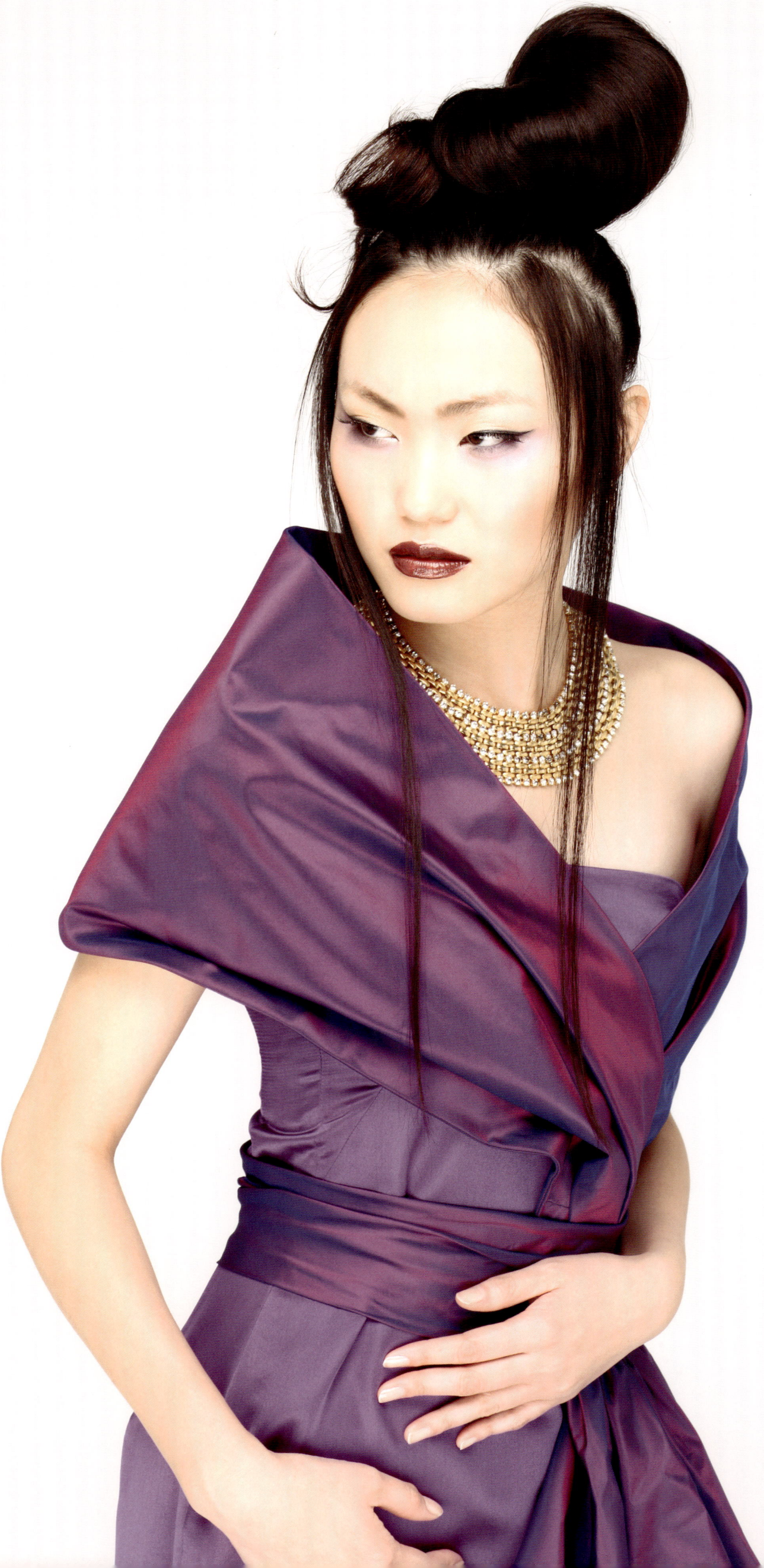

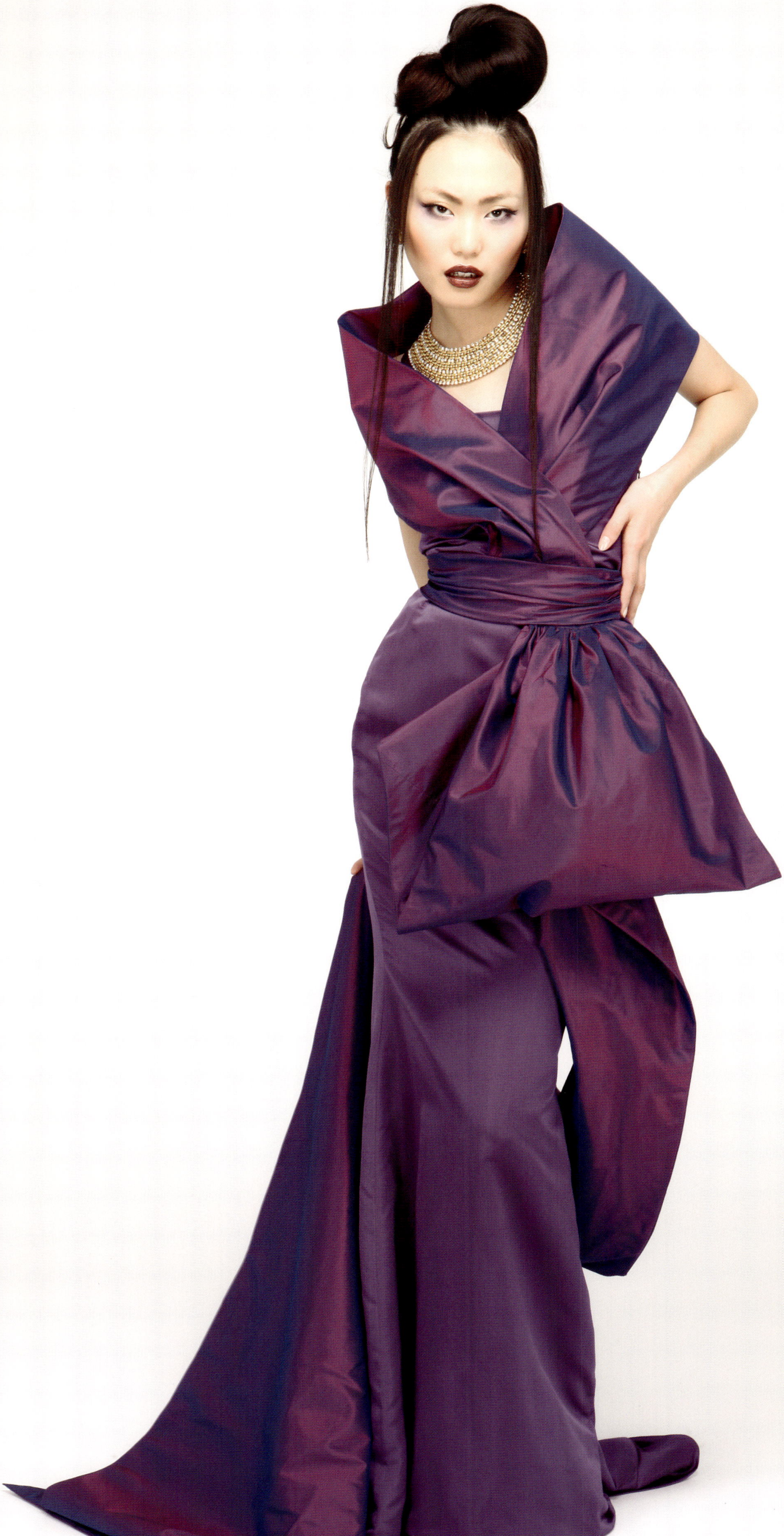

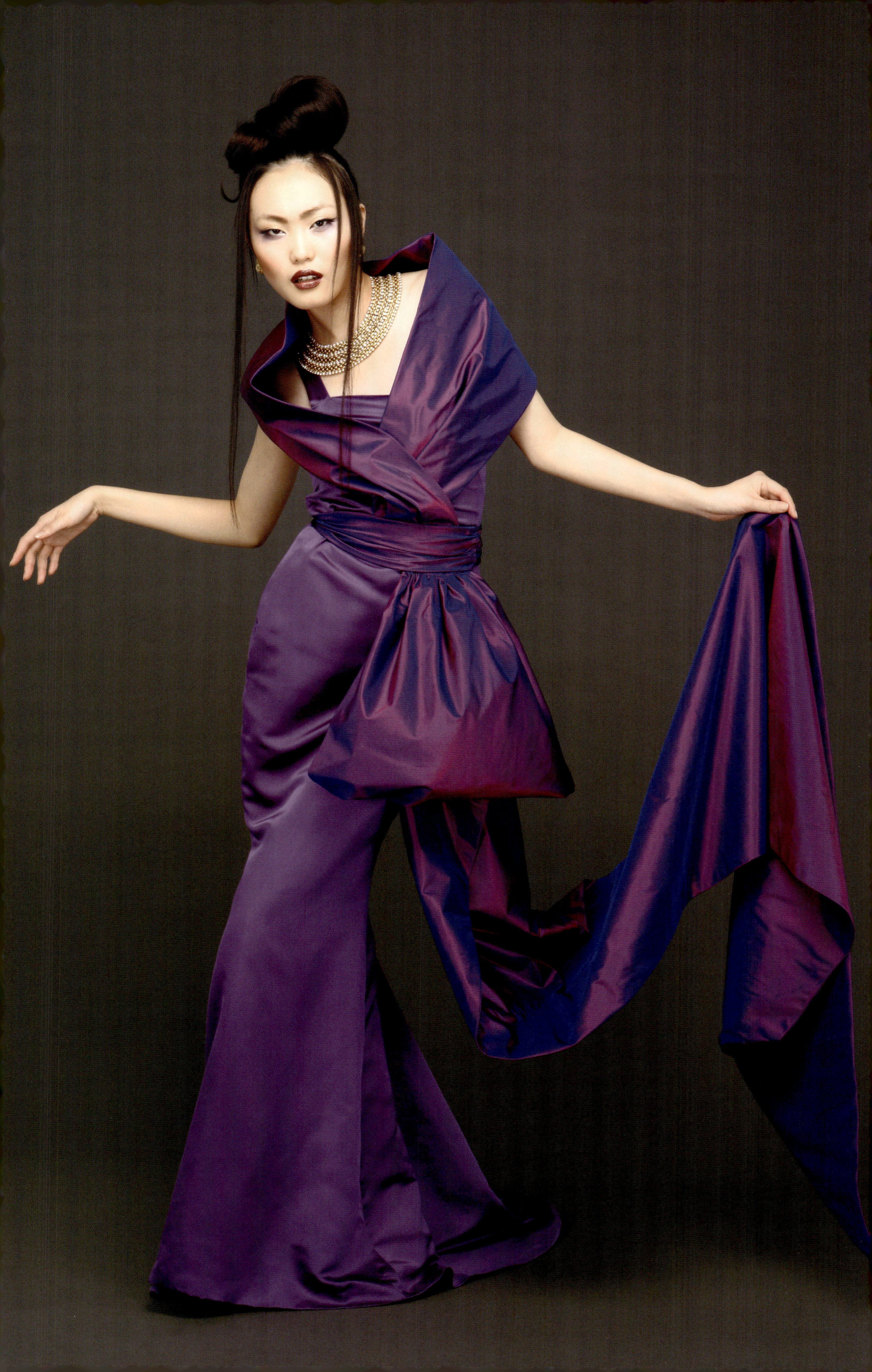

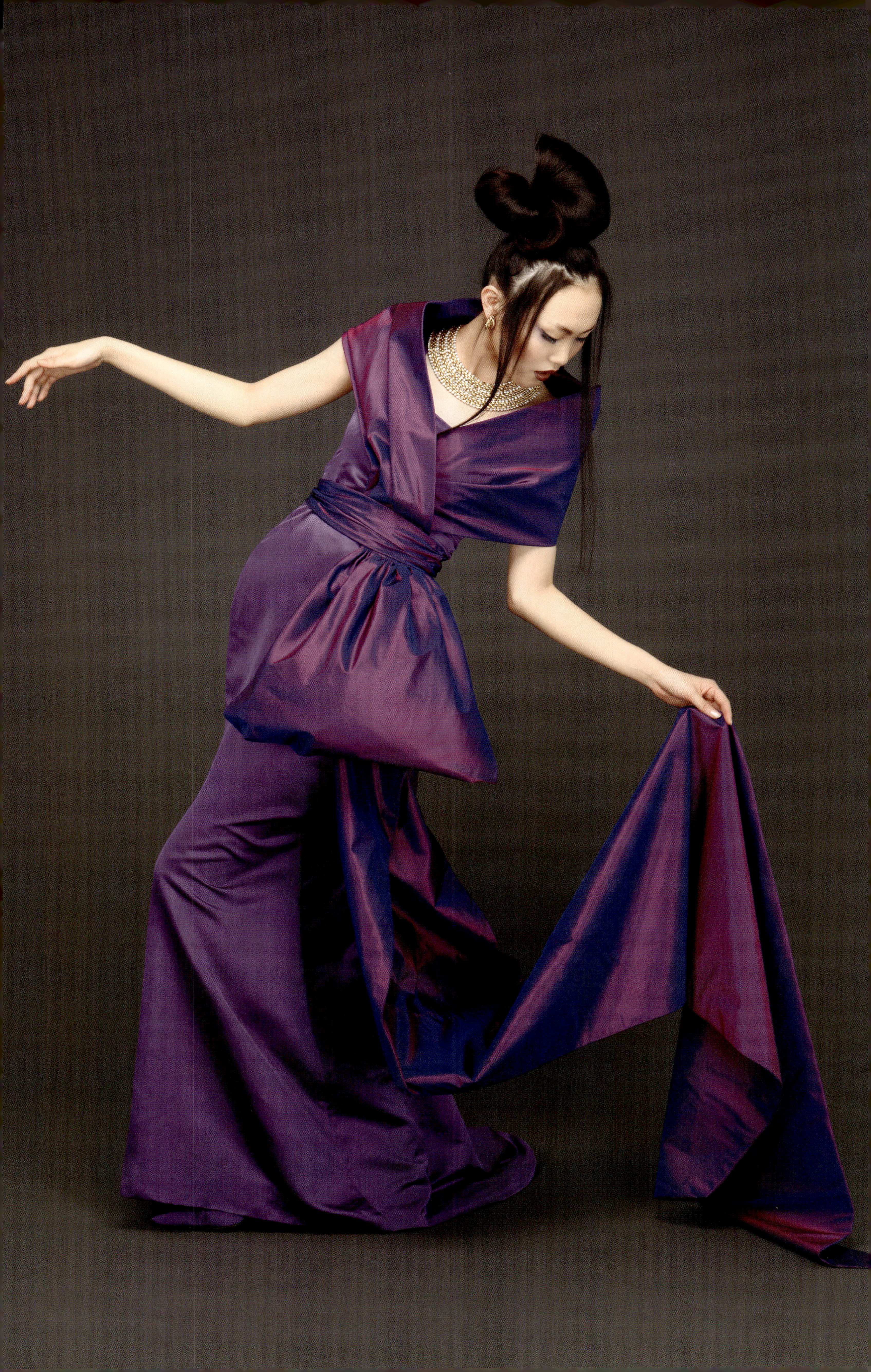

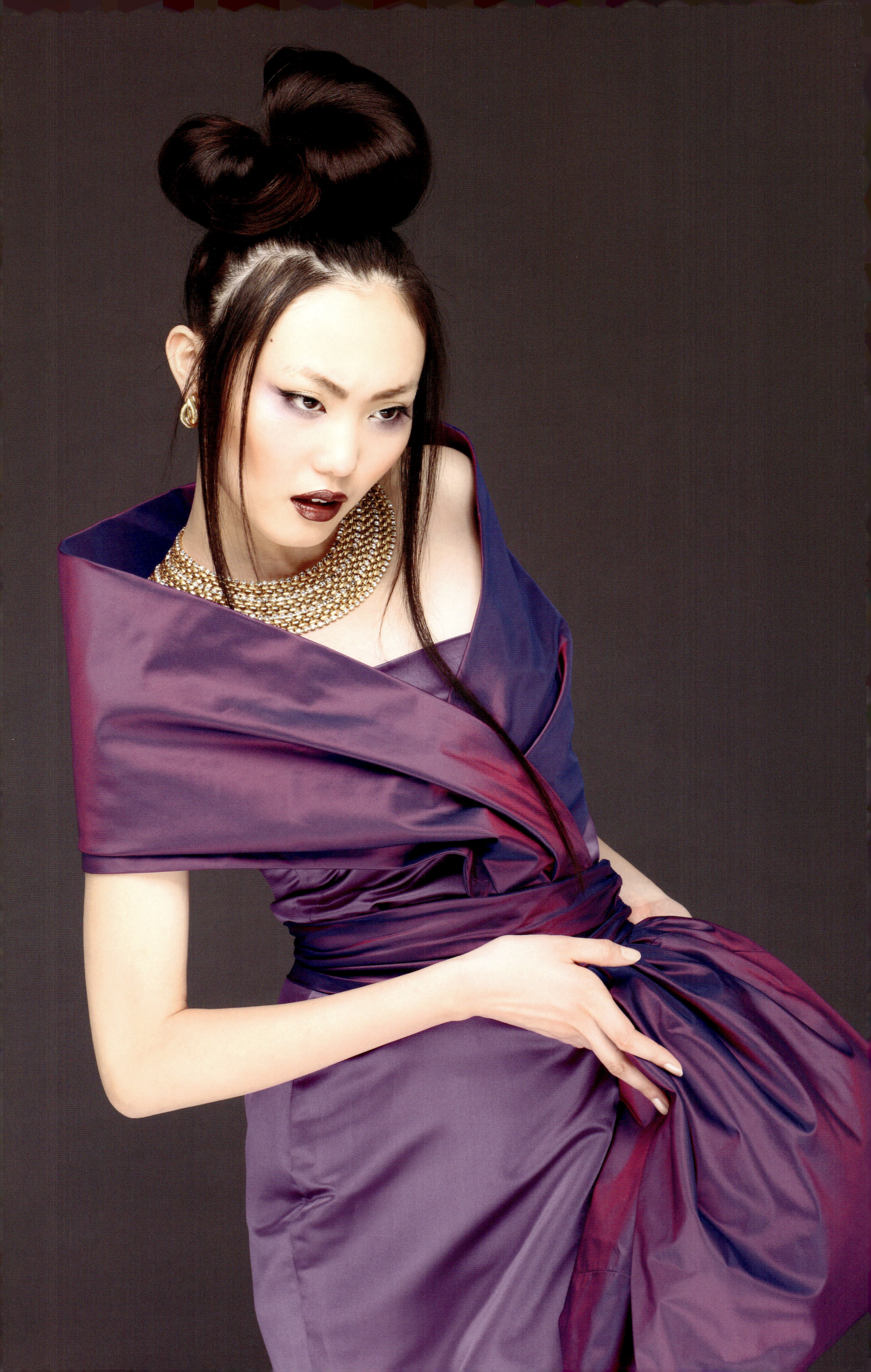

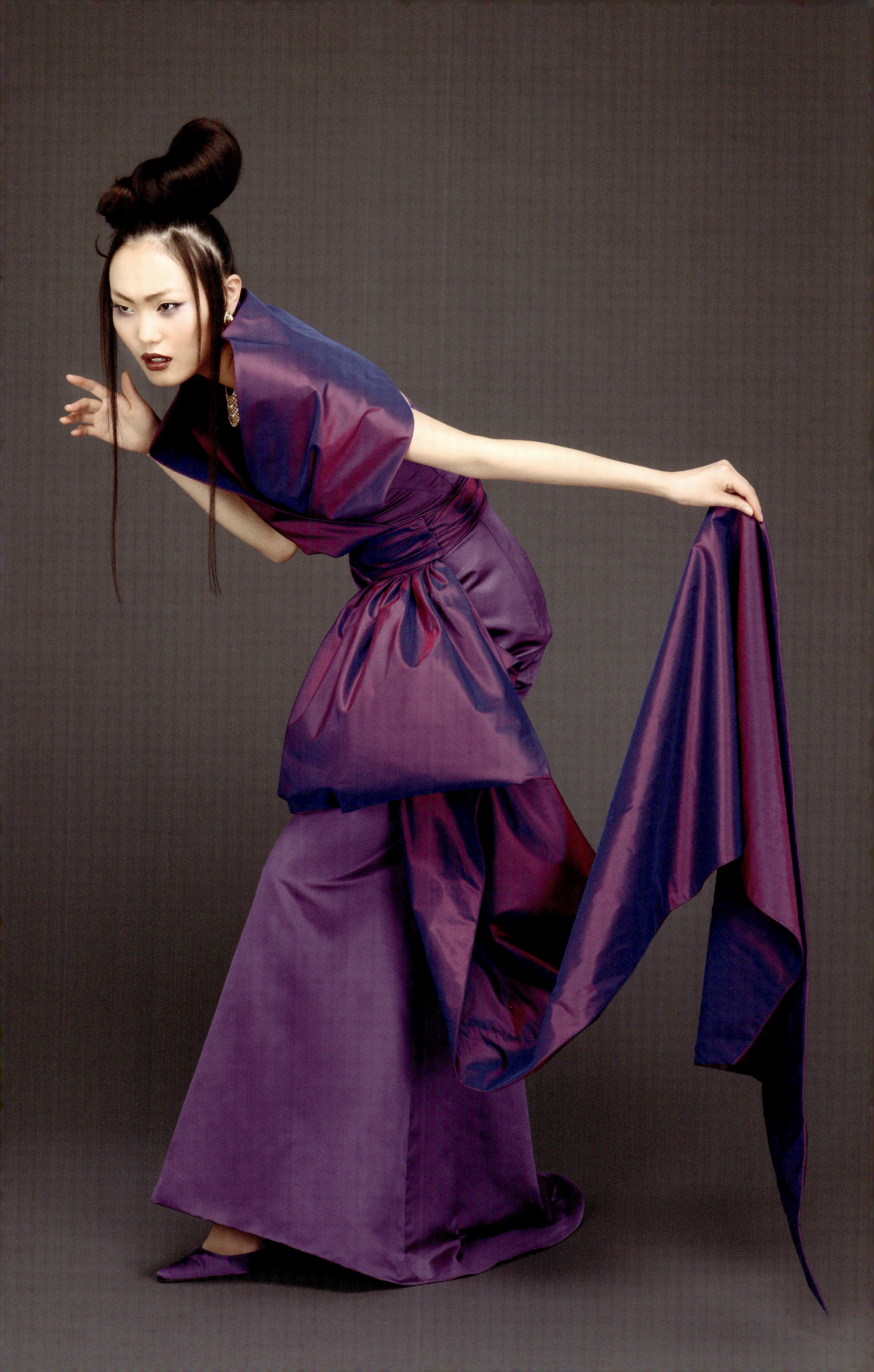

from MASA

マサ大竹

●新美容出版株式会社の創業90周年記念イベントのひとつとして2010年9月7日(火)に、東京・渋谷にあるライヴハウス SHIBUYA-AX で開催された「無限∞ Beauty 〜 Hair Show Day」と、その記念本として制作された今回の写真集ですが、つくられた作品のコンセプトと一連の仕事で感じられたことをお聞かせください。

はじめに「無限∞ Beauty 〜 Hair Show Day」のお話をいただいた時には、正直「なぜ私に?」と驚くと同時に、素直に「光栄!」という気持ちが半々でした。「思いがけない導きとの出会い」そんな感じもしました。イベントのメッセージにあった「真に美しいものは、時代を経てもだれの目にも美しい」という言葉に大変共感する部分がありました。「現代に通じるクラシックエレガンスをベースにした上質感」を表現したいと思いました。

イメージは無理なく、すぐに浮かびました。今回の私の中のイメージの源は、モードの時代とも言われる1920〜1940年くらいの欧米のファッションです。ちょうどポール・ポワレやココ・シャネルといった新しい感覚の服飾デザイナーが現れて、現代に通じる近代的な女性の洋服をつくりだした頃ですね。ヘアスタイルがボブになって、チャールストンが流行って……。ハリウッドの黄金時代でもあり、グレタ・ガルボやマレーネ・ディートリッヒなどのメイクアップやヘアスタイル・

ARCHIVE

1974年
「しんびよう」12月号
12コレクションズ "ノスタルジー"

1977年
「美容師の友」2月号
「Hair Fashion Now」

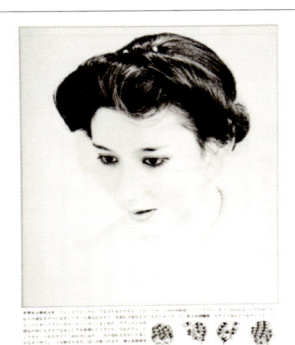

1977年
「美容師の友」5月号
「Design Eye ゆれ動く髪—結ぶ・編む・まとめる」

1978年
「しんびよう」4月号
「Double Image, Spring オリジナルセット B」

1978年
「美容研究」
資生堂総合美容研究所

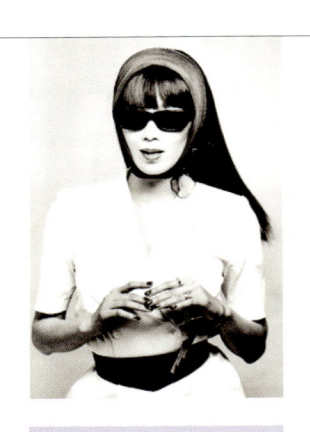

1979年
「しんびよう」11月号
ニューグラマラス・ストーリー
「多彩なライン…深い秋…女らしく」

1980年
「しんびよう」1月号
'80TOUKYO COLLECTIN
「ベスト30人選」

1980年
「美容師の友」3月号
基礎技術「ワンセットスリー」
バリエーション・プラス

1980年
12月号
ニューグラマラス・ストーリー

1981年
「しんびよう」1月号
'81TOKYO COLLECTION

1981年
「しんびよう」4月号
「NEAT CUT」

1982年
「美容師の友」3月号
ヘアーファッション3 in 1

1982年
大竹政義氏個人作品

ファッションには、時代を超えて現代に息づく多くの美の要素があります。1940年代以降でも、例えば、マリリン・モンローのヘアスタイルには、必ずウェーブが生かされています。女性が美しく、魅惑的に見えるスタイルです。そういったイメージを元に、艶やかなウェーブやカールをベースに現代を感じさせるバランスの美しさに挑戦したのが今回の作品です。

温故知新と言う言葉がありますが、今回作品を通して皆様にお伝えしたいことは、「クラシックだから古いわけではない」ということです。古色蒼然と言う感覚ではなく、クラシックの中の原理原則を習得しているからこそ、クラシックの本来の美しさを現代へと蘇らせ、まさに「今」への提案としてお見せすることができるのだと思います。ご覧になる皆様は、きっとその中に「新しい感覚」「美しさ」を見出して下さるのではないでしょうか。

今、日本では、変わっているもの、奇異なものが話題を集め、喜ばれる傾向にあるように感じます。それらが本当の意味で社会に影響を及ぼす位の強い力を持っていて、後世に残る存在となるのなら良いのですが、一過性のあだ花のように一瞬で終わってしまうようなものが多いように思えるのです。今回は「前衛性や派手さを押し出すものでなく、品格といつの時代にも通じる普遍的な美しさを持ち、人々が共感し、飽きない作品」をつくりたいと願いました。

今までも、ヘアショーや作品撮影に臨む時、自分で設定したいくつものチャレンジをしてきましたが、今回今までと異なるチャレンジは何といってもドレスの色です。新美容出版から「新しいドレスの色でショーをしましょう」との提案を受け、紫（モーヴ）系の世界観で統一したことです。ご好意でこのショーのためにドレスまで新たに製作していただけたことは、自分のヴァリエーションを良い形で広げることができたように思います。計6点のドレスを40年来の旧友でもあるファッションデザイナーの布臺ひろしさんにお願いできたことも、私にとって幸運なことでした。

何十年もの間、パリ、ニューヨーク、東京と第一線の多くのファッションデザイナーの方と仕事をしてきました。コレクションのバックヤードでは、ファッションに合わせ、ヘア、メイクアップのどこを足し算、引き算するかが、とても重要になります。一人の女性を美しくするのは、ヘア、メイクアップ、ファッションを含めたトータルな美しさが求められます。どれひとつ欠けても、美しさは損なわれてしまいます。ファッションとビューティー、そしてモデルの表現性が加わり、絶妙なバランス感覚の創造により、意外性、偶然性を超えた新たな美しさが舞台の上で生まれ出る瞬間を体感してきました。この記念本では、ドレスとヘアメイクアップのトータルの美しさをご覧いただきたいと思います。

モデル6人と衣裳デザインをイメージしながら、ショーのために100枚を越えるデザイン画を描きました。ショーの現場では、限られ

1978年
「しんびよう」8月号
シリーズ・フレッシュイメー・アップⅡ
「Double Image, Summer」

1978年
大竹政義氏個人作品

1979年
「しんびよう」6月号
SHINBIYO「スリムライン」

1980年
「しんびよう」6月号
ニューライン&パーマ

1980年
「しんびよう」10月号
しんびよう特撮シリーズ
DRAWING DREAM

1982年
「しんびよう」11月号
SHINBIYO
'82 SALON HIT HAIR

1984年
「しんびよう」4月号
マサ大竹・東京発…そして世界
『女』が『髪』に揺れる時…。

1985年
「しんびよう」12月号
スウィート「アップ」
Forパーティ

た時間内で素早く表現することを自分の使命としています。一度仕上げたヘアスタイルをステージ上ですべて壊して新たなスタイルをつくりあげました。6人のモデル全員の髪をほぐして、ブラシをかけてつくり直すという作業を1人5分以内で収めました。

ショーでも、今回の作品集でも全てモデルの髪（自髪）だけでスタイルを仕上げました。エクステンションやかつらで長さや量感をチェンジすれば、当然大きく変化して見えるでしょうが、正々堂々とモデルの髪の毛の長さだけでまとめてみました。コサージュなどのアクセサリーも使いませんでした。本来、私たち美容師の仕事とはそういうものだと思っているからです。これらの制約を自分に課して、シルエットや髪の動きを、どれだけ変化して見せることができるかに挑戦してみました。手早く、なおかつ美しく見えるスタイルをつくり出すという、自分にとってもハードルの高いチャレンジでした。

ヘアショーの会場になったSHIBUYA-AXは、通常はロックコンサートに使うライブハウスですから、これまでに味わったことがないくらい音響がとてもよく、全身でゾクゾク音楽を感じながら、だんだんと自分の気持ちのテンションが上がっていくのがわかりました。ショーの一週間前のゲネプロを終えてから、毎日自分の頭の中でイメージトレーニングをし、当日までずっと張りつめた気持ちでいました。

当日、音楽に乗って舞台に出ていく瞬間や舞台上の緊張感、ドキドキ感がとても刺激的で、まさにライブ感そのものでした。多くの人々に見ていただけるショーの醍醐味は一言では表現できません。ステージでは高いテンションでしたが、一言もしゃべらず、ひたすら手を動かすことに集中しました。作品集では、ショーで披露したスタイルとは少し異なるアレンジをしたものもあります。本として残すわけですから、変化をお見せするだけではなく、モデルひとりひとりの深さや広がりが出るようにプラスアルファのデザインを加えました。一人のモデルで2～3パターンのヘア、メイクのスタイルをつくりました。同じ衣装で2点以上のヴァリエーションを見せるのは、今までにはなかったことで、ヘアスタイルを変えたら、衣装も変えるのが慣例でした。私の美容人生の中でなかなか勇気のいった初めての挑戦でした。その意味では今回の作品集は、オート・クチュールでドレスをつくることからはじめたことも含めて画期的だと思います。ドレスは同じでも、それを生かすヘアスタイルはいくつもあるということを、あえて逆説的に表現し、提案してみました。撮影現場でも試行錯誤を繰り返しましたが、チャレンジした意味がある仕上がりになったと思います。

これまでいろいろ美容雑誌の仕事をしてきましたが、日本人のショー・モデルで、ショーと作品集を連動させ、ドレスもそのために新調した企画は初めてです。今回の仕事は、自分がこれまでやってきたことの集大成という気持ちです。今の若い人たちはあまり見たことのないスタイルだと思いますが、自分たちにないものを感じ取って、

1986年
「しんびようプラス」4月号
小意気なマジック、あの娘のフリンジ。SOFT & SEXY

1986年
「しんびよう」6月号
しんびよう発'86 SIROCCO

1987年
「しんびよう」1月号
FROM SHINBIYO 1987
「アメニティ追究」

1988年
「しんびよう」11月号
特集「永遠のボブ」

1989年
「しんびよう」1月号
Hair Message '89

次世代に継いで行ってほしいですね。作品をつくる機会はこれからもあるかと思いますが、今はもう、今回の一連の仕事に全てを出し切ったという心境です。

● **現在の美容家マサ大竹を形づくってきたものは、どんな経験、どんな想いだったのかをお聞かせ下さい。**

私は子供のころから人見知りで、目立つことが嫌いでしたが、幼稚園の頃から絵を描くことだけは大好きでした。自分が一番無心でいられるのが、絵を描いている時だったのです。自分の想いを絵を通して表現していたのだと思います。小学校から高校まで、自慢できることといったら美術だけ成績が5だったことです。子供心に「絵がうまいね」と言われることが、その頃の私の支えになっていたほどです。

中学、高校と美術部に入っていて、漠然と大学は美術大学に行きたいと考えていました。でも、進路を決める段階になり、将来、絵の先生になりたいとは思っていませんでしたし、また画家として自立できる程の自分の才能の有無に不安を覚えました。悩んでいた時に偶然目に入ったのが、高校生向けの新聞に載っていた東京で活躍している男性美容師についての小さな記事でした。当時、一般的に美容師は女性の職業と考えられていましたが、男性でも美容師ができるのだということを知って、自分にもできそうだとピーンとした閃きを感じたのを今でも思い出します。美容師になる手段も全く分からず、何も情報がなかったので、とりあえず本屋に行って情報を探してみることにしました。美容という文字を手がかりにその時手にしたのが、新美容出版から発行していた『みわく』という雑誌でした。さっそく編集部に「東京の美容学校のことを教えて下さい」と、手紙を書きました。編集部の方が丁寧に美容学校のリストを送ってくれて、その中に、当時あか抜けたセンスのポスターや『花椿』で有名な資生堂という文字が目に入りました。迷わず資生堂美容学校に決めたというわけです。

広告宣伝のヘアメイクの仕事がしたくて、美容学校卒業後は資生堂の美容技術研究所の附属美容室でインターン生となりました。美容師資格を取得して1年位経ったときに、上司から「コンテストに出てみなさい」と言われたのです。最初は出場しても連戦連敗、箸にも棒にもかかりませんでした。それでもあきらめずに何度もトライして、24歳の時にIBS（インターナショナルビューティーショー）の日本大会で準優勝、25歳で優勝して、日本代表に選ばれました。1974年（昭和49年）にはIBSの世界大会で初めてニューヨークへ行くことができました。カットコンテストは存在しない時代で、セッティングを競うコンテストでしたが、それが初めての国際舞台でした。

資生堂にはコンテスト出場経験のある先輩がいませんでしたから、技術はほとんどコンテスト現場や美容雑誌を見ながら独学しました。

1986年
「しんびよう」12月号
PURPLE

1987年
「しんびよう」7月号
FROM SHINBIYO 1987
Nostalgia Essence

1988年
「しんびよう」6月号
現場主義「工房」

1989年
「しんびよう」1月号
BEAUTY SPACE　マサ大竹のシゴト

コンテストに挑戦し続けていた4年間、夜や休日はウィッグ相手に練習ばかりしていました。完成したスタイルをモノクロの写真に撮ってスクラップしたり、仕上げ時間を繰り返し計ったりしていました。

ニューヨークから帰国したあとは、憧れていたメイクアップキャンペーンをはじめとする広告宣伝の仕事をさせてもらえるようになり、1976年（昭和51年）に初めてパリコレクションのバックヤードに入りました。これは、翌春に日本各地で開催するパリの新進デザイナーを招聘して作品を紹介した資生堂主催の「6人のパリ」という仕事でした。このヘアメイクを担当したのを皮切りに、国際コレクションのヘアメイクをずいぶんと手掛けました。1982年（昭和57年）にロンドンのロイヤルアルバートホールでのヘアショーに出演した時は、総勢15名のモデルを舞台に5人ずつ座らせて、5分以内で次々とスタイルを完成させました。6,000人を前にしたフィナーレを終えて楽屋に戻ると、一気に緊張が解けて、座ったまま立てなくなってしまったことを今も鮮明に覚えています。

若いうちから超一流といわれる世界的なファッションデザイナー、写真家、モデル、アートディレクターと一緒に仕事をする機会に恵まれて仕事を続けられてきたことは本当に幸運そのものでした。それだけに常に自分自身のクオリティーを上げることが課題でした。一流に少しでも近づく上での技術力、感性、創造性、スピードが求められました。今思えば、その頃に積み重ねた訓練の数々と、本物を見る目を養えたことは、私の美容人生の中で本当に大きな財産となりました。

私は資生堂という会社のインハウスの美容師、ヘアメイクアップアーティストとしてサロンワークのほかに資生堂の広告宣伝やパリコレなどのファッションショー、映画のヘアメイクアップ、美容専門誌での作品発表、美容団体の組織活動、ヘアショー出演、SABFA校長としてアーティストの育成など、さまざまな仕事を長年経験させてもらいました。そして現在は母校である資生堂美容技術専門学校の校長として日々若い学生と接し、クリエーション活動とともに未来ある美容人材の育成、教育、伝承に情熱を傾けています。

80年代に海外の仕事が増えて、外国人にも呼びやすいマサ大竹の名前を使うようになりましたが、企業人でありながら、ふたつの名前を持っているのは、社内では昔も今も私だけです。自分の人生の中で、自分にとって天職とも思える髪や肌を通して自分の想いを表現できる美容の仕事に巡り会えたことを誇りに思っています。

今日の自分があるのも資生堂と恩師、師匠である高賀冨士子先生との出会いがあったからこそと深く感謝しています。技術一つ習得するにも多くの人々の支援がなければできません。美容学校時代に卒業証書を頂いた頃から始まり、社内の美容分野のトップである高賀先生には美容師、社会人、企業人として成長していく上で多くの導きと学びを頂きました。

1991年
「しんびよう」10月号
「崩し」の技（テクニック）

1996年
「しんびよう」12月号別冊付録
シンプル＆シャープ
ソリッドな方向性の美

●美容を志し、日夜精進している後輩の方々に向けて、美容師として大切なこと、忘れてはいけないこととは何かお教えください。

「技術は感性を輝かせ、感性は技術を輝かせる」。これは私が常々思っていることです。美容師として仕事をするには、まず技術や知識を身につけなければなりません。しかし技術だけで感性や創造力がないと、自分らしさが発揮できません。感性はとても重要なのです。技術と感性は車の両輪、お互いを高めることが必要だということを忘れないで欲しいですね。その一方で、私たち美容師の仕事の原点は接客業だということも、とても重要なことです。そこでは、人間として「信頼する、信頼される」という言葉がキーワードになります。「この人に担当して欲しい」と言われるようになるために、人間として魅力を磨き続け、自らの美意識（審美眼）を常に高めていって欲しいですね。

私は美容とは生活、実用の中の美しさ、いわゆる「用の美」だと思っています。その「用の美」の中で、どのように美しさを表現するかが試されるのです。表現としての美容技術の新しい試みは時代と共にますます進化していくと思います。またそうあるべきだと思います。ただし芸術家が芸術作品を創造することとは、根本的に異なることを理解することが大切です。なぜなら、私たちが表現する対象は、お人形さんでも、キャンバスでもありません。人の髪と肌なのです。お客様の美しさを引き出し、バランスよくコーディネートするという課題が達成できれば、99点をあげられます。サロンワーク、クリエイティブワーク、いずれにおいてもその人に似合う、フィットするという条件が何よりも最優先されます。

自分が美容師になりたての頃は、ある意味日本の美容業界における美容表現の黄金期とも言える時代でした。先達がみせる新しい技術、自分らしい感性表現、どれ一つとっても切磋琢磨する緊張感の中から新たな美が生まれて、見るものをドキドキさせてくれました。そんな美の世界に触れ、一歩でも近づきたいと今日まで試行錯誤を重ねながらも歩んできました。自分の好みは？自分らしさって？美しいって？といつも自分に問いかけながら45年間美容の仕事に取り組んできて、改めて振り返ってみると、多くの才能ある後輩、若い世代が育ってきていることを実感します。ただ美容の仕事が、面白くて楽しいということを実感しないうちに、あきらめて辞めてしまう若い人がいるのも事実です。山登りに例えれば、登る苦労はあるけれど、ひとつ山を越えると見晴らしがよくなり一つの達成感につながり、さらに目指すべき目標が見えてくるということ。その達成感を得ないまま、次の世界を見ないうちに辞めてしまうのは本当に残念です。次世代への伝承の意味からも、これからはもっと若い人たちに、先輩の一人として自分の経験や想いをどんどん話し、伝えていきたいと思っています。

1989年
「しんびよう」12月号
女神たちの宴「オーソドックスなヘアこそ、若々しいニュアンスが生きる

1991年
「しんびよう」1月号
RADICAL HAIR MAKE UP
KitchなRemakenoの時代

1992年
「しんびよう」8月号
「結う」

MUGEN ∞ Beauty Hair Show Day によせて

　1919年（大正8年）に初代長尾義胤が黒髪社として創業した新美容出版株式会社は、2009年に創業90周年を迎えました。これを機として、弊社は美容を志す皆様と共に「さらなる未来へ」向かうため、美に関わる仕事に携わる皆様の未来は、常に「無限」に向かって開かれていてほしいとの願いを込めて、「MUGEN ∞ Beauty宣言」をいたしました。

　創業90周年の記念イベントとして、東京・SHIBUYA-AXにおいて、2つのステージを開催いたしました。2010年9月7日（火）に行われた「MUGEN ∞ Beauty ～ Hair Show Day」は、「Never Forget your Alice －あなたの中のアリスを忘れないで－」と題したプロローグからスタートしました。「好奇心に満ちた幼い頃のアリス」「希望と挫折を経験して再び立ちあがるアリス」「自立し、さらなる未来へ静かに挑戦し続けるアリス」をバレリーナが表現。それぞれのアリスのダンスファンタジーの世界を通じて、観客自身が、自分の中にあるアリスの存在に気づいていただく趣向です。

　メインプログラムに入り、エロール・ガーナーの奏でるジャズピアノ『Misty』、マルコム・マクラーレン、カトリーヌ・ドヌーヴが語る『Paris』、シャルル・アズナブールが歌いあげるシャンソン『ラ・ボエーム』の調べにのって、驚くほどの速さでモデルのアップスタイルを次々に創りあげる美容家・マサ大竹氏の世界がステージ上に繰り広げられました。続いて、シルヴィー・バルタンのシャンソン、ウルフマザーのロックが流れるなか、バズーカ砲を持ったモデルが画面の月を打ち抜いた瞬間に始まったのが、繊細なアップスタイルを職人技で創り上げる美容家・谷口愛子氏の世界です。静から動へと展開していくヘアショーの最後は、キッズボサノヴァをエンディングミュージックに全員が笑顔でステージに上がる和やかなエピローグへと進みました。ご来場いただいたお客様にとって、生涯忘れられない「美」の世界をご覧いただけたのではないかと、今も思っております。

　9月14日（火）には、記念イベントの2つ目のステージ、「MUGEN ∞ Beauty ～ Visual Rock Day」と題したROCK EVENTを開催。ロックバンドの表現する音楽とヴィジュアルの世界から、若い美容師の皆様に美容の未来を体感していただきました。

　弊社にとっても想い出深い、記念すべきこのイベントの記録をアーカイブの一環として残しておきたいと考え、『日本の美容家たち』シリーズを発刊することにいたしました。その第一巻として、イベントのステージをベースにしたマサ大竹氏の世界を作品集としてまとめました。マサ大竹氏のステージは「モーヴ色」を基調にしたもので、衣裳デザイナーの布臺ひろし氏による素晴らしいドレスの数々もご堪能いただけることと思います。「真のモードとは何か」をこの作品集から感じ取っていただけましたら幸いです。

　このシリーズは今後も日本を代表する美容家の作品集として、より多くの美容家の皆様にご協力を賜りながら、続けて刊行していく予定でおります。

　創業93年、すべての出会いに心からの感謝をこめて…。

Dance：坂元恵理子

2012年6月吉日
新美容出版株式会社　第三代代表取締役社長　長尾明美

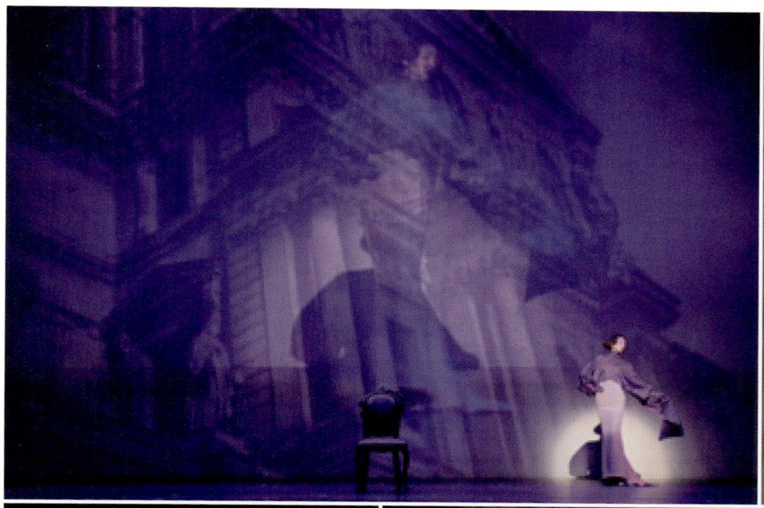
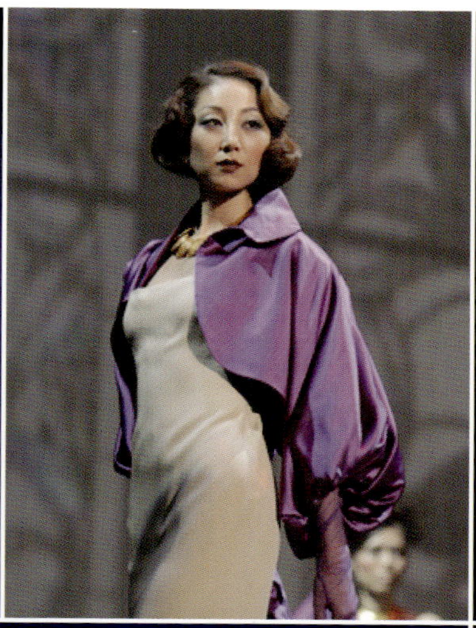
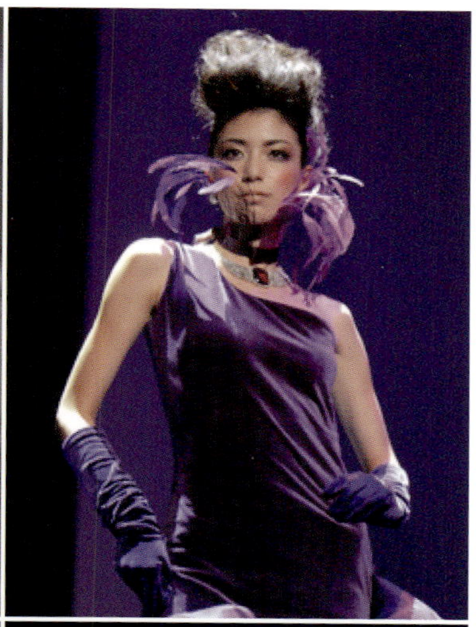
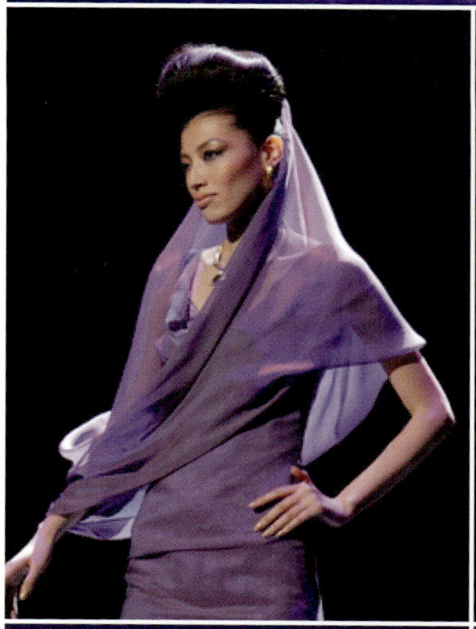
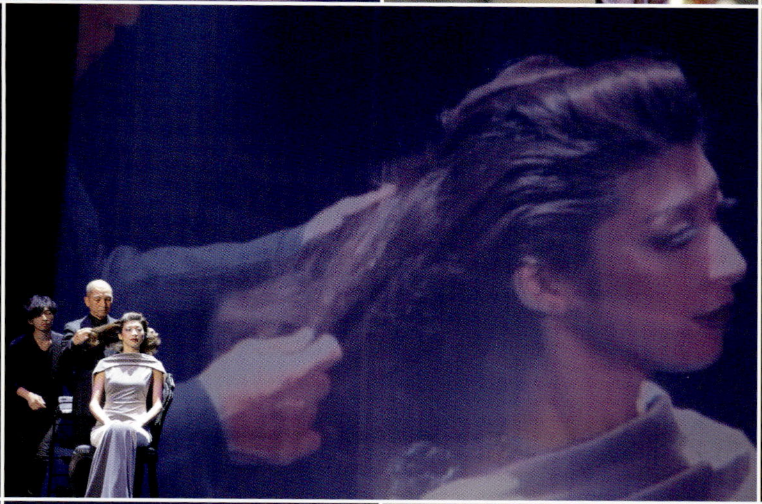
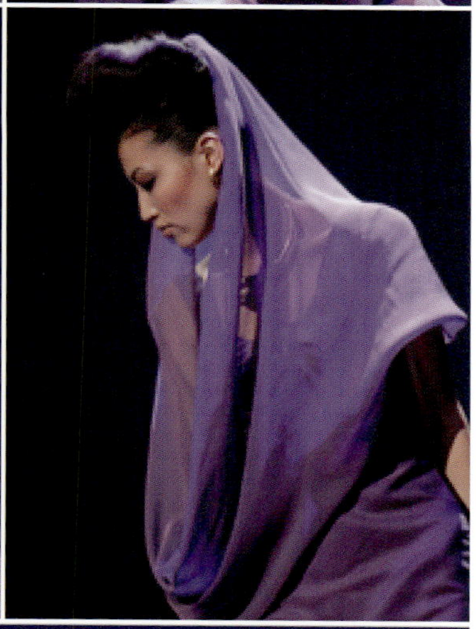
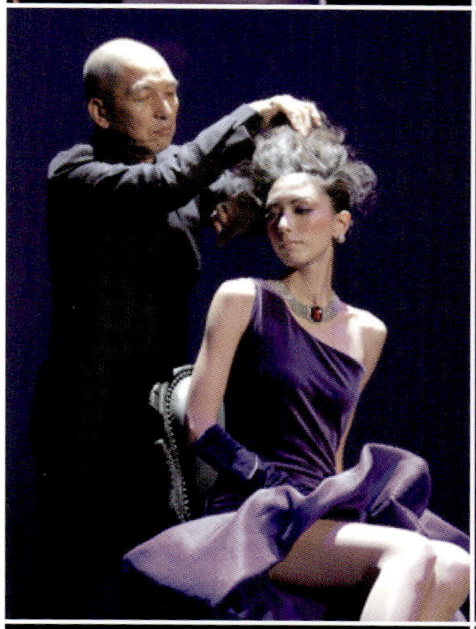
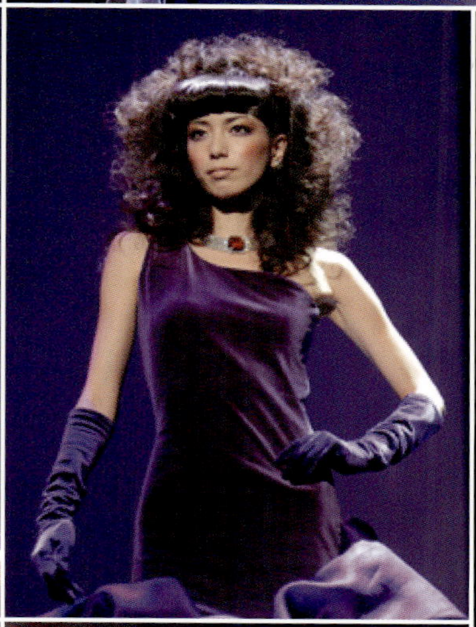
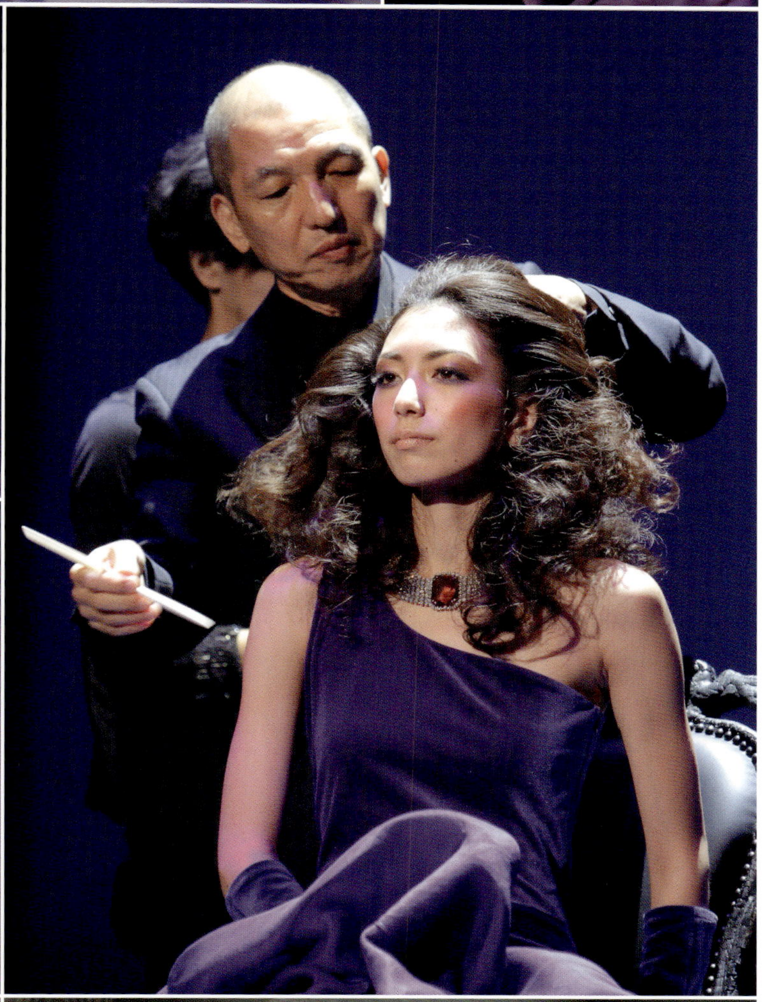
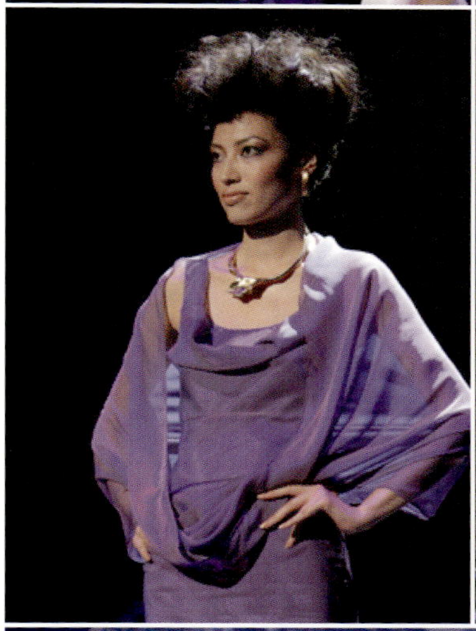
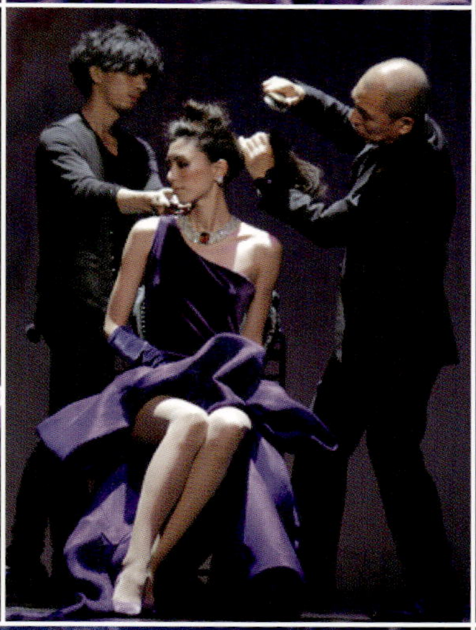
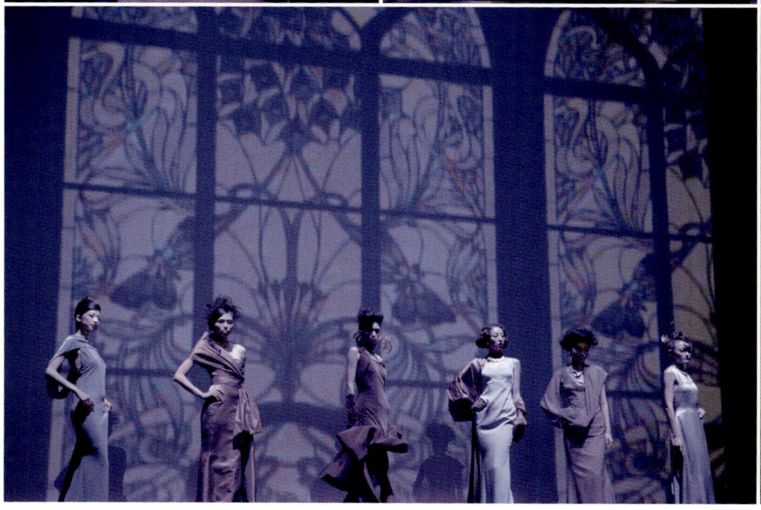
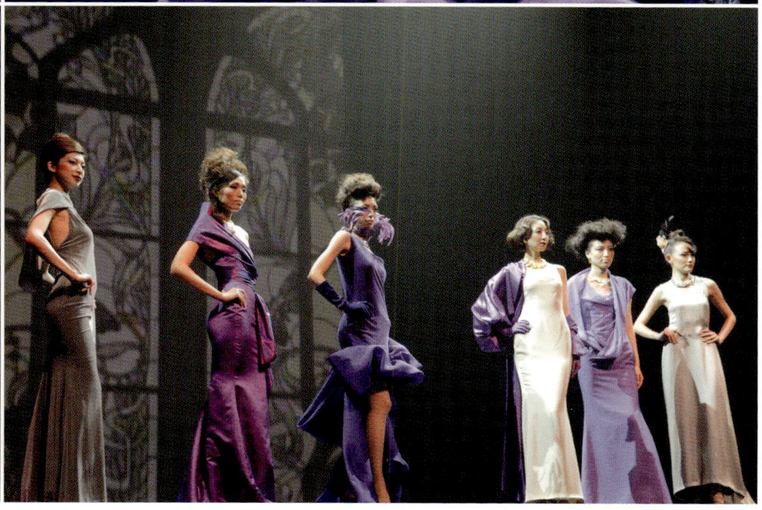

Profile

マサ 大竹

学校法人 資生堂学園　資生堂美容技術専門学校 学校長
資生堂美容室株式会社 副社長
日本ヘアデザイン協会（N.H.D.K）副理事長
インターコワフュール（I.C.D）セントラルコミッティ
インターコワフュール・ジャパン副会長

本名・大竹政義。1948年新潟県三条市生まれ。1968年資生堂美容学校卒業後、株式会社資生堂に入社。資生堂ビューティークリエーション研究所長、SABFA校長を経て現職。
企業の中にあって、美容師として、メイクアップアーティストとして宣伝広告に参画。長年『花椿』誌やParis、NewYork、Tokyoコレクションにおいて、トップデザイナーとのコラボレーションにも携わる。4年ごとに開催されるI.C.D.世界大会では2012年6月のローマ大会出演。これまでにリオ、東京、ベルリン、ニューヨーク、ハンブルグ大会と日本代表としてファイナルのガラステージに出演。1974年のNYカーネギーホールでのヘアメイクショー他、世界各地から50回以上のヘアショーに招聘されている。
フォトコンテスト「ジャパンヘアドレッシングアワーズ」（JHA）のプロ審査員を第1回から19年間務める。2010年9月、新美容出版90周年記念ヘアショーに出演。現在、美容師としても、学校長としても今後の業界を担う後進の指導に力を注いでいる。
現代の名工（卓越した技術者）、黄綬褒章受章。主な著書に『Fashion Hairstyling by MASA』（新美容出版）がある。

創業90周年記念企画
日本の美容師たち　マサ大竹

ヘア・メイクアップ：マサ大竹
メイクアップ：西出智絵、三島裕枝、谷口丈児
衣裳デザイン：布臺ひろし
スタイリング：山崎暁子
衣裳提供：新美容出版株式会社
写真：逸見隆明
デザイン：土屋直久
Special Thanks：山村博美、高橋 篤、水口正彦

2012年6月11日発行
定価 6,300円（本体6,000円）

編集／発行人　長尾明美
発行　新美容出版株式会社
　　　〒106-0031 東京都港区西麻布1-11-12
　　　代表　TEL 03-5770-1230（代表）
　　　販売部　TEL 03-5770-1201　FAX 03-5770-1228
　　　http://www.shinbiyo.com
印刷・製本　凸版印刷株式会社

印刷には十分注意しておりますが、万一落丁・乱丁がありましたら、本社にてお取り替えいたします。

記事・写真・イラストなどの無断転載を禁じます。
©SHINBIYO SHUPPAN Co., Ltd.
Printed in Japan 2012